우리가 농부로 살 수 있을까

우리가 농부로 살 수 있을까
유럽 농부의 삶, 살짝 엿보고 왔습니다
ⓒ 종합재미상사 2018

초판 1쇄   2018년 4월 9일
초판 4쇄   2022년 4월 26일

지은이   종합재미상사

출판책임	박성규	펴낸이	이정원
편집주간	선우미정	펴낸곳	도서출판 들녘
편집	이동하·이수연·김혜민	등록일자	1987년 12월 12일
디자인	고유단	등록번호	10-156
마케팅	전병우	주소	경기도 파주시 회동길 198
경영지원	김은주·나수정	전화	031-955-7374 (대표)
제작관리	구법모		031-955-7381 (편집)
물류관리	엄철용	팩스	031-955-7393
		이메일	dulnyouk@dulnyouk.co.kr

ISBN   979-11-5925-325-6(03800)

값은 뒤표지에 있습니다. 잘못된 책은 구입하신 곳에서 바꿔드립니다.

유럽
농부의 삶
살짝
엿보고 왔습니다

우리가 농부로
살 수 있을까

우리의 여행은 '멋지고 즐거운'과 '치열하게 고민하는'
이 둘의 중간 어디쯤에 있는, 어쩌면 맹숭맹숭한 여행이었다.
멋진 사람이 되어 돌아올 줄 알았지만 소심함과 어설픔 그대로,
이상과 현실 사이에서 균형을 잡으려 애쓰는 초보 부부 그대로다.

들어가는 말
여행을 떠나기까지

우리는 떠났다

만 6년 다닌 직장을 나왔다. 3년 4개월간 살았던 집은 친구에게 빌려줬다. 커다란 28인치 캐리어에 반년 동안 필요할 거라 생각한 물건들을 골라 담아 4월의 어느 날, 아끼고 좋아하던 많은 것들을 뒤로한 채 무거운 짐의 무게를 고스란히 느끼며 겁도 없이 공항버스에 올라탔다.

여행을 다녀온 지 2년이 넘은 지금도 사람들은 우리에게 "대단하다! 어떻게 그럴 생각을 했어요?"라고 물으며 신기해하지만 처음에 친구들에게 여행을 가겠다고 이야기했을 땐 다들 어이없어했다. 그리고 다들 이렇게나 긴 여행에는 뭔가 대단한 계기와 큰 결심이 있어야 한다는 듯 동기와 목적을 궁금해했다. 하지만 수많은 질문에 대한 우리의 대답은 "어쩌다 보니 그렇게 되었어요"다. 정말 그랬다.

간단하게 이야기하면, 해오던 일을 그만두고 재충전이 필요했던 짝꿍 신범과 한동안 일을 쉬어도 계속 동료로 여겨줄 멋진 직장에 다니던 나의 상황이 맞아떨어졌다. 게다가 당시 공부 중이던 타로카드로 얼마 동안 여행을 가면 좋을지 물어봤더니 '긴' 여행을 다녀오면 아주 큰 변화가 찾아올 것이라기에 덥석! 여행을 떠나게 되었다.

너와 내가 우리가 되기까지

보통 이렇게 말하면 부부가 둘 다 여행을 좋아하고 성격이 잘 맞을 거라 생각하지만 절대 아니다. 나는 여행, 이사, 외출 이런 걸 무척이나 싫어하는 천생 '집순이'다. 보통 쉬는 날이면 집에서 만화를 보거나 소설을 읽고, 바느질이나 뜨개질을 하고 요리하는 걸 좋아하는 정주(定住)형 인간이다. 반면 신범은 등산을 즐기고 사람들을 만나 술 한잔하며 이야기 나누는 시간을 좋아하는 동적인 사람이다. 가끔은 이렇게나 다른 우리가 만나 인생의 동반자로 묶여 한집에 살아가고 있는 이 상황도 무척 신기한데 장기 여행이라니. 이건 여행에 대해 정말 아무것도 모르는 무모함이 만들어낸 사건이었다. 그럼에도 불구하고 둘이었기에 가능한 일이기도 했다.

  신범을 만나기 전 나는 사무실에 자꾸만 쌓이는 이면지가 신경 쓰이는 직장인이었다. 종이를 너무 많이 써서 나무가 날 싫어할 것 같다고 말하곤 했지만 나무를 위해, 환경을 위해 직접 뭔가를 할 생각까진 못 했다. 다만 대학생 시절부터 시작한 자취 생활에 질려 나의 건강한 먹거리를 위해 '언젠간 농사지으며 살 거야!'라는 꿈은 가지고 있었다. 나에게 환경문제는 그저 개인적인 선택과 건강의 문제였을 뿐 주변 또는 사회와 연결 짓진 못했다. 반면 신범은 산과 나무, 숲을 사랑하고 관련 단체에서 일했지만 소소한 삶의 부분이나 먹거리까지 신경 쓰진 못하는 사람이었다. 이러한 신범을 처음 만났을 땐 비슷한 고민을 이야기할 수 있는 사람을 만났다는 사실 자체가 기뻤다. 좋아하는 주제나 표현 방식은 서로 달랐지만, 다행히 관심사를 삶으로 가져와 행동을 바꾸고자 하는 의지가 있다는 점이 같았다. 그렇게 우리는 서로의 생각을 배웠고, 상대방 덕분에 조금씩 다른 방향의 시야가 열리게 되었다.

너와 잘 어울릴 것 같아

정말 이 문장 하나로 여행이 시작됐다 해도 과언이 아니다. 우리와 잘 어울릴 것 같다며 친구들이 추천해준 여행지 하나하나가 모이고 모여 큰 그림이 됐다.

나와 잘 어울린다며 친구가 알려준 덴마크의 스반홀름 공동체, 신범의 친구가 추천해준 우프(WWOOF)*, 친한 언니가 꼭 가보라고 이야기한 스페인과 로마, 문화로놀이짱** 친구들의 출장 보고를 듣고 언젠가 꼭 가보고 싶었던 베를린의 작은 공원과 공동체들, 신범이 가보고 싶어하던 독일의 '검은 숲'. 이런 것들을 머릿속에 넣고 한데 뒤섞으면 우리의 여행이 되지 않을까.

여행 가서도 숲과 산, 공원에 갔고, 농장에서 일하고 해변에 죽치고 앉아 있는 그런 시간을 보냈다. 남들이 하는 여행처럼 무조건 많이 돌아다니는 게 아니라 우리가 좋아하는 만큼만 움직이면서 여유롭게 사람들을 만나며

---

* 유기농 농가에 방문해 농사일을 돕고 숙식을 제공받는 교류 프로그램을 운영하는 단체다.
** 버려진 원목 가구를 재활용해 목공을 하고 생활기술융합제작소를 운영하는 청년들의 사회적기업.

지냈다. 땡볕에 잡초를 뽑고 땀범벅으로 트랙터에 앉아 찍은 사진, 헛간에서 도끼질하는 사진을 SNS에 올리자 친구들은 우리와 잘 어울린다고 말해주었다. 대영제국 박물관에 뭐가 있는지, 덴마크 왕궁이 어떻게 생겼는지는 몰라도 종류만 스무 가지가 넘는 사과를 파는 베를린의 작은 과일 가게와 스페인의 바르셀로네타 주택가에 있는 끝내주는 빵집, 영국 피크 디스트릭트의 몇 가지 하이킹 코스 풍경을 알고 있다.

일상과 분리되지 않는 여행

해마다 연초에는 '환경 다짐'을 한다. 보통 지난 일 년 동안 일상생활에서 느꼈던 불편함이나 고민을 정리해 문장을 만드는데 예를 들면 작년에 종이컵을 많이 썼다 싶으면 올해는 종이컵 적게 쓰기, 혹은 안 쓰기 등의 다짐을 하는 것이다. 몇 년째 나와 신범의 다짐에서 빠지지 않는 건 '일회용품 적게 쓰기'다. 특히 너무나 자주 사용되는 일회용 나무젓가락과 종이컵을 쓰지 않기 위해 신범은 2013년부터 매해 일 년 동안 사용할 나무젓가락 개수를 정하고, 그것을 지키려 노력해왔다. 그렇게 몇 년을 살다 보니 이제는 항상 가방에 텀블러와 수저를 챙겨 다

난다. 또한 이와 더불어 일상에서 많이 쓰는 페이퍼 타월과 비닐봉지 사용을 줄이기 위해 고민한 결과, 항상 손수건을 챙기고 깨끗한 비닐봉지나 장바구니를 하나 정도 미리 가방에 넣어두게 됐다. 하지만 그렇다고 일회용품을 일절 쓰지 않는 건 아니다. 가끔은 친구들과 들른 카페에서 무작정 내어준 테이크아웃 컵을 사용하기도 하고, 다른 사람이 이미 포장을 벗겨서 준 나무젓가락이나 물건을 담아준 비닐봉지는 그냥 받는다. 스스로 가능한 한 노력하되 그것을 타인에게는 강요하지 않으려 한다.

여행은 특별한 시간이지만, 일상과 분리되지 않았으면 했기에 늘 지키던 원칙들을 그대로 실천하기로 했다. 그래서 평상시 가지고 다니던 텀블러와 수저를 가방에 넣고, 손수건과 에코백을 챙겨 떠났다.

결혼 전, 둘이 네팔 여행을 하며 '공정 여행'이라는 개념을 알게 됐다. 본사로 자본이 옮겨 가는 글로벌 프랜차이즈가 아니라 여행하는 지역 경제에 도움이 되도록 지역 주민들이 직접 운영하는 가게들을 이용해야 한다는 걸 배웠다. 그래서 여행 후에도 가능한 한 글로벌 프랜차이즈는 이용하지 않으려 신경 써왔기 때문에 이번 여행

중에도 최대한 그 지역 사람들이 운영하는 숙소와 식당에 가보자고 마음먹었다.

일상적인 선택이 만들어내는 결과에 대해 고민해보는 삶을 살고 싶다. 누군가는 귀찮고 번거롭다고 여길 행동들과 원론적이고 철학적인 이야기를 조금은 재미있게 일상과 엮어가며 살고 싶다.

30대에 일을 그만두고 떠난다는 것

여행을 떠난 게 우리가 특이하거나 특별해서가 아니라고 이야기하고 싶다. 우리나라에서는 30대가 되면 직장에 다니고 결혼하고 그러다 집을 장만하고 아이를 낳고 살아야만 하는 것처럼 대부분의 사람들이 그렇게 살고 있다. 누가 그런 삶이 정답이라고 알려준 걸까?

처음엔 나도 그랬다. 그래서 일을 그만두고 쉬고 싶어 하는 신범을 일 년 동안 말렸다. 남들 다 갖는 집을 가지려면, 아이를 낳으려면 우리에겐 더 많은 돈이 필요할 테니 그럴 때가 아니라는 말도 해보았다. 친구들은 당연하다는 듯 이야기했다. 네가 말려줘야 하는 거라고. 모두들 꾹 참고 회사를 다니고 있는 거라고 했다. 그들의 말에 고개를 끄덕였다. 이런저런 걱정을 꺼내 보이는 내게 신범은 오랜 시간 다시 생각해보았지만 그래도 쉼표가 필요하다고 말했다. 이런 결정을 무조건 말려야 하는 걸까 의문이 들기 시작했다. 혼자였다면 홀로 온전히 자신을 책임지기 어려워 결정을 내리기 어려울 수도 있을 텐데 우린 다행히 둘이니 쉬고 싶다는 한쪽의 생각에 다른 한쪽이 힘이 되어줄 수는 없는 걸까? '수많은 날들 중 이런 날도 저런 날도 있는 거지 뭐.' 한 번쯤은 그냥 하고 싶은 대로 하라고 말해주고 싶었다.

그렇게 신범은 일을 그만두고 나의 업무 계약도 어찌어찌 종료되었다. 둘 다 쉬는데 여행이나 가볼까 하는 가벼운 마음으로 여행을 계획한 것이다.

하지만 우리의 여행이 처음부터 끝까지 무조건 행복하고 즐거웠다고는 말할 수 없다. 여행 중에 우리는 엄청 부딪치고 서로를 이해하지 못해 답답했고, 서로에게 상처받아 속상해하기도 했다. 하지만 서로가 어떤 사람인지 좀 더 알아가는 시간이었고, 열심히 노력하고 경쟁하는 일상 말고도 살아갈 수 있는 선택지가 다양하다는 걸 발견할 수 있었다.

사실 돌아와서의 삶도 많이 변했다고는 할 수 없다. 아직 직업이 없어 어떻게 하면 생활비를 줄일 수 있을까 고민하며 하루하루를 보내고 있지만, 이렇게 사는 지금의 삶이 남보다 뒤처지거나 잘못됐다고는 생각하지 않는다. 정말 다행이다.

앞으로 하는 이야기 끝에 다들 자기만의 삶이 있고, 삶에 정답은 없다는 걸 발견했으면 좋겠다. 모두가 월급을 많이 받는 직업을 가질 수는 없다. 월 300만 원을 못 버는 게 머리가 나쁘고 게을러서, 노력이 부족해서라고 자신을 채찍질하기보다는 월 100만 원을 벌어도 나다운 삶을 살 수 있다고 생각해보면 좋겠다.

여태까지 뜬구름 잡는 소리 같았겠지만, 그래도 나름 우리의 여행엔 매우 현실적인 기준이 있었다. 12월 전세 계약 만료 전에는 돌아올 것.

✦ 들어가는 말 여행을 떠나기까지 007

1장
숲과 사람이 함께 살아가는 곳, 독일

땀이 뻘뻘, 드디어 출발이다! 021
낯선 풍경, 다른 삶 025
도시 안에서 숲을 만나다 029
자연과 함께 살아간다는 건 뭘까 039
작은 공동체와 도시 텃밭 045
로컬 푸드가 한가득, 지역 시장 058
자연 그대로를 사랑하는 가게들 066
고마워요, 따뜻한 알렉스! 071

2장
함께 살기 위한 상상력, 덴마크

공동체의 진정한 의미 077
함께 살아가는 곳, 스반홀름 080
여유롭고 평화로운 저녁 086
함께 노력하는 친환경적인 삶 094
나는 여기 왜 온 걸까 101
농사를 뭐라고 생각한 거지 117

3장
우리의 오래된 미래를 만나다, 영국

자급자족하는 작은 농사 131
땅을 소유하지 않는 농부, 우프 136

링컨: 제프와 힐러리의 도시 텃밭
도시에서 궁리하는 삶 141
쓰레기에 대해 이야기하는 건 섹시해! 148
지역 유기농 모임에 가다 159
우리의 오래된 미래 166

CONTENT

글래스고: 청년들이 운영하는 사회적기업 로카보어
낭만과 생존 사이 174
따뜻하게 목욕하고 싶어 179
휴식이 필요해 189
한 걸음씩! 농부의 삶 196
불편함이 익숙한 생활이여, 안녕! 204

매틀록: 이웃과 함께하는 제인의 시골살이
우여곡절 농장 찾아가기 211
난생처음 사과주스 짜기 218
가을을 한껏 느껴봐 224
저장 식품을 만들자 230
땅속에 탄소가 한가득 236

토트네스: 주말 농부, 사라와 데이브
조금은 더 현실적인 244
함께 즐기는 자연의 아름다움 249
초록빛 꿈을 꾸는 마을 258

**4장
돌아옴 그리고
일상**

마지막까지 우리답게 269
여행이 끝나고 우리에게 남은 것 273
시골살이 일 년, 이제 시작이다 280

1장
숲과 사람이 함께 살아가는 곳, 독일

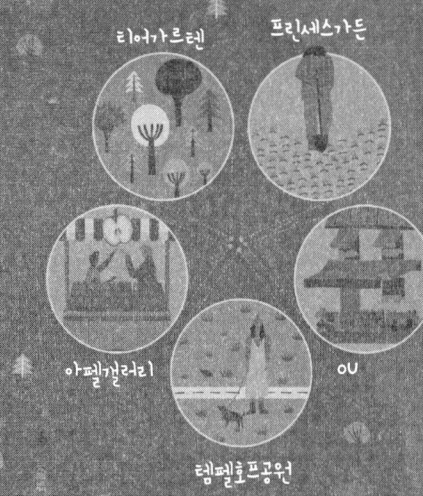

티어가르텐
프린세스가든
아펠갤러리
OU
템펠호프공원

프랑크푸르트 시유림

슐로스가르텐

뮌스터 성당 시장

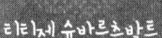

티타제 슈바르츠발트

마리엔플라츠
영국정원
빅투아리엔 마르크트
추크슈피체

땀이 뻘뻘,
드디어 출발이다!

생각보다 짐이 많아 출발 전전날 밤 캐리어를 다시 사는 난리를 친 덕에 28인치 캐리어를 하나씩 장만한 우리는 4월 13일 월요일 아침 드디어 집을 나섰다. 집을 비우는 동안 들어와 살기로 한 친구에게 힘차게 인사를 하고 집 앞 계단을 내려오면서부터 망했다는 생각이 들었다. 캐리어가 무거워도 너무 무거웠다. 하지만 이제는 돌아설 수 없다고 되뇌며 그대로 공항으로 향했고, 그렇게 모든 것이 시작되었다.

긴장된 마음으로 세 시간이나 일찍 공항에 도착했다. 텅 빈 체크인 카운터를 흐뭇하게 바라보며 줄을 섰는데 항공사 직원이 예상치도 못한 얘길 꺼냈다. 귀국 날짜가

솅겐* 지역 무비자 체류 기간인 90일 이후인 데다 비자가 없어 아예 독일 입국이 안 될 수도 있으니 혹시 입국을 거절당하더라도 괜찮다는 각서를 쓰고 비행기에 타라는 것이다. 아니, 이게 어떻게 준비한 여행인데 독일 땅을 밟자마자 돌아올 수도 있단 말인가! 충격을 받았지만 일단 일정에 맞게 솅겐 지역에서 출국하는 티켓을 끊어 오겠다고 자신 있게 말하고 옆으로 빠져나왔다. 미리 정하지 않기로 했던 다음 일정 비행기 표를 현장에서 바로 예약하느라 땀을 한 바가지는 흘렸다. 한 시간쯤 지났을까. 덴마크발 영국행 항공권을 끊고 다시 줄을 서니 카운터 앞은 인산인해를 이루고 있었다. 체크인 하고 짐을 보낸 뒤 출국 심사를 받고 뛰고 뛰어 겨우 비행기에 탈 수 있었다. 하하! 시작부터 땀 좀 흘리는구나!

우리보다 몇 달 앞서 비행기에 탄 후배 덕에 독일에 도착하기까지 비행기에서 나눠주는 종이컵이 여러 개라는

---

* 솅겐조약은 유럽의 26개 국가를 무비자로 편하게 통행할 수 있도록 체결한 조약이다. 무비자 체류 기간은 6개월 안에 최대 90일까지 가능하다. 참고로 영국은 솅겐조약국이 아니다.

사실을 미리 알게 되었다. 다행히 음료가 들어 있지 않은 빈 텀블러는 기내 반입이 가능하다고 하여 미리 챙겨뒀다. 그러나 텀블러를 들고 타는 것과 그것을 사용하겠다고 승무원에게 내미는 것은 차원이 다른 일이었다. 음료를 권하는 승무원에게 머뭇거리며 텀블러를 내밀자 너무 재미있어하며 텀블러에 주스를 가득 따라 주었다. 아마도 종이컵 분량의 세네 배는 될 법한 양의 사과 주스가 텀블러에 한가득 담겼다. 주스를 많이 먹고 싶어 한다고 생각한 걸까?

기내식에 따라 나오는 플라스틱 포크와 나이프 대신 가방에 챙겨 간 개인 수저를 꺼내 사용하고, 사용하지 않은 일회용 식기는 반납한다 해도 쓰레기와 함께 버려질 것 같아 따로 챙겼다.

열세 시간 동안 비행기에 타는 건 즐거운 상상과는 거리가 멀었다. 의자에 앉힌 채 사육당하는 느낌이었다. 생각보다 괴로웠기에 비행기에서 내리자마자 돌아갈 길을 걱정하며 독일 입국 심사대로 향했다. 너무 긴장한 나머지 일정을 묻는 질문에 11월에 한국에 돌아간다고 대답하자 입국 심사관의 눈초리가 달라졌다. 아 바보! 한 달

있다가 덴마크로 넘어간다고 말했으면 아무 문제없었을 텐데…. 긁어 부스럼을 만들었다. 한 달 후 덴마크로 넘어간 뒤 영국으로 갈 거라고 재차 일정을 설명하고, 비행기 표를 보여주고, 통장에 잔액이 얼마인지 이야기하고, 신용카드를 꺼내놓고 난 다음에야 겨우 통과할 수 있었다. 식은땀을 어찌나 흘렸던지 가만히 있어도 땀 냄새가 풀풀 났다.

모든 것을 미리 정하지 않기로 해서 출발 전에 딱 나흘간 묵을 숙소 두 군데 정도만 에어비앤비로 예약했다. 장기간 여행이라 로밍도 차단해서 오늘은 더 이상 검색 불가. 숙소 가는 길은 호스트가 보내준 메시지를 미리 노트에 적어두었다. 노트를 보며 공항에서 시내로 가는 표를 끊고 캐리어를 낑낑대며 끌고서 버스를 갈아탔다. 도중에 정류장을 착각해 한 정거장 미리 내려 걸어가는 기염을 토하며 겨우 숙소에 도착했다. 약속 시간이 한 시간이나 지났는데도 우리에게 웰컴을 외치는 호스트 톰의 목소리에 눈물이 찔끔 났다. 크게 외치고 싶었다. 드디어 프랑크푸르트에 무사히 도착했습니다!

낯선 풍경, 다른 삶

프랑크푸르트에서의 첫날 밤은 시차 적응으로 뒤척이며 지나갔다. 여행 첫날 늦은 점심을 어디서 먹을지 한참 고민했는데 때마침 중앙역 앞 광장에 줄지어 선 자그마한 노점들 사이에서 나는 맛있는 음식 냄새가 우리를 유혹했다. 이왕이면 독일 전통 음식을 먹으려고 소시지를 파는 노점에 가니 철판 위에 지글지글한 소시지와 감자볶음이 가득했다. 소시지와 감자볶음, 소시지와 샐러드를 하나씩 시켰더니 일회용 플라스틱 접시에 음식을 담아 주었다. 옆에 비치된 플라스틱 포크와 나이프를 쓰라는 말에 생각 없이 꺼내 소시지를 먹으려던 찰나 일회용품을 써버렸다는 사실을 깨닫고 망연자실했다. 그래도 배가 무척 고파 일단 먹기 시작했는데 음식이 너무 짜서 마실 게 필요했다. 옆 노점에서 파는 글라스 와인을 샀더니 일회용 플라스틱 잔에 따라 줬다. '독일에는 일회용 와인 잔이 있구나.' 수저와 텀블러까지 챙겨 왔건만 첫날부터 일회용품을 잔뜩 써버렸다.

여행을 시작하면서 제일 먼저 눈에 들어온 것들은 전부 한국과 다른 것들이었다. 처음 타본 트램, 낯선 동전 모양, 가로수의 색다른 생김새, 오래된 돌길과 건물의 외형, 음식과 언어와 돈의 단위, 유료 공중화장실, 길에서 친절하게도 캐리어를 들어주는 사람들이 있다는 것.
다른 게 넘쳐나는 길 위에서 우리는 익숙하고 비슷한 것들을 발견하며 재미있어하기도 했다. 아파트 주차장 한쪽에 마련된 재활용 쓰레기 분리수거장, 저녁 강변에서 맥주 한 병씩을 들고 앉아 있는 사람들, 큰 쇼핑백을 들고 신나게 거리를 오가는 사람들로 가득한 백화점 앞 풍경은 서울의 어느 거리와 바꿔놓아도 어색하지 않을 것만 같았다.

서울과 달리 독일의 밤거리는 무척 어두웠다. 클럽 같은 곳을 제외한 대부분의 가게들이 문을 일찍 닫는 듯했다. 뮌헨에서 지낼 땐 학생들이 많이 사는 나름 커다란 아파트 단지에 숙소를 얻었다. 방에 짐을 풀고 저녁을 먹으러 나섰는데 저녁 일곱 시가 넘으니 숙소 앞 식당은 바로 문을 닫았다. 나도 모르게 "아주 이 사람들 장사 편하게 해~"라는 소리가 나왔다. 한국이라면 이 시간에 가게 문을 닫는 건 말도 안 되는 일이다. 특히 대학가 주변이라면 오히려 밤늦게까지 저렴한 음식점들이 많이 문을 여는데 말이다.

하지만 다시 생각해보면 우리는 대체 어떤 세상에 살고 있었던 건지. 모두가 늦은 시간까지 일하는 게 당연한 곳에서 저녁이 있는 삶을 이야기할 수 있을까. 모두가 저녁에 휴식을 즐기려면 식당이고 마트고 빵집이고 일찍 닫는 게 너무나 당연한데 말이다. 조금의 불편함도 참지 못하는 우리는 눈에 보이지 않는 사람들의 노동 위에 편안한 도시 라이프를 즐기고 있는 것일지도 모른다.

유명한 관광지인 뮌헨의 '영국정원'도 저녁이 되니 칠흑같이 어두웠다. 낮이든 밤이든 언제나 밝은 서울을 떠올리니 어두운 공원이 더욱 낯설다. 공원에서 돌아오는 길에 버스가 하도 안 와서 정류장 옆에 세워진 공공 자전거를 보며 신범과 자전거를 타고 집에 가볼까 잠시 고민했다. 결국 야밤에 익숙지도 않은 길을 둘이 자전거를 타고 달렸다. 여덟 시 정도밖에 안 됐는데 주택가 도로에는 차도 사람도 거의 없었다. 모두 집에서 무얼 할까? 가족과 함께 따뜻한 저녁을 즐기고 있는 건가? 낮에 분명 걸어서 지나온 거리인데도 밤에 보니 무척 낯설다. 낮에는 잘 보이지 않던 창문들이 불이 켜진 채 나란히 줄 서 있었다.

도시 안에서 숲을 만나다

독일을 여행하면서 매우 마음에 들었던 것은 한국과 다른 도심 풍경이었다. 우리가 들렀던 프랑크푸르트, 슈투트가르트, 뮌헨, 베를린 모두 도심에 큰 공원이나 녹지가 있었고 사람들은 그 공간을 편히 즐기고 있었다.

어쩌면 '도시숲'이라는 말은 '빌딩숲'만큼이나 어울리지 않는 단어 조합일지도 모른다. 나무가 가득 찬 숲의 모양새를 빌려 빌딩이 가득한 도심을 빌딩숲이라고 하지만, 도시숲은 그러한 도시의 모양새를 칭하는 말은 아니다. 도시와 숲. 도시 속의 숲을 가리키기도 하고 도시와 어우러지는 숲을 일컫는 말이기도 하겠다.

독일의 4월은 태양빛이 강해지고, 나무에 물이 올라 잎이 연둣빛 몸체를 조금씩 내밀기 시작할 때였다. 잎이 가장 사랑스러운 색을 띠는 시기. 도시숲을 찾아가기 무척이나 좋은 나날이었다.

독일의 최고층 빌딩이 모여 있다는 프랑크푸르트에서 우리는 독일 최대이자 세계 최초의 도시숲이라는 시유림을 만났다. 도심에서 20분 정도면 갈 수 있는데 총 넓이가 6,000ha인 데다 숲속에 조성된 산책로만 420km나 되는 어마어마한 크기다. 구글 맵에 시유림을 검색해 무작정 찾아갔다. 지도가 시키는 대로 도시 남쪽의 루이사 역에서 트램으로 갈아타고 두어 정거장 지나 내려서 길을 건너니 이미 숲이었다.

빼곡한 나무와 고요함. 이른 봄의 연한 녹색이 보일락 말락 한 나뭇가지들. 아무렇지 않게 서 있는 거대한 나무들에 압도되어 반해버렸다. 나무들을 구경하며 숲으로 들어서 한참 걸으니 자그마한 개울이 나오고, 개울을 따라가니 호수가 나온다. 햇볕을 쬐며 사진도 찍고 호숫가도 한 바퀴 걸었다. 프랑크푸르트에 들르는 대부분의 관광객들에겐 아마 전혀 관심 없는 곳일지 모르지만 찾아가길 잘했다고 생각한다. 우리의 첫 방문지로 잘 어울리

숲과 사람이 함께 살아가는 곳, 독일

커다란 시유림 숲속 나무들.

는 곳이었다. 작은 호수 옆으로 줄지어 놓인 벤치에 기증자 이름이 적혀 있었다. 벤치 하나에 골라 앉아 햇살을 즐기며 그림을 그렸다.

—

슈투트가르트에서는 슐로스가르텐이라는 이름의 도시숲을 우연히 만났다. 슐로스가르텐은 슈투트가르트 중앙역 근처에 있는 아주 커다란 공원이다. 이곳은 백여 년 전에 궁전의 정원을 개방해 만들어졌다. 우연히 숙소 근처 지도를 살펴보다가 지도상에 커다란 녹지가 보여 찾아가보았다. 주택가 옆 골목을 지나 왕복 6차선 도로 위로 놓인 구름다리를 건너면 갑자기 눈앞에 펼쳐지는 녹색의 공원. 거대하다는 표현에 어울리는 오래된 나무들과 자연물을 이용해 만든 놀이터, 돌 테이블로 된 탁구대와 군데군데 놓인 벤치들. 놀이터에도 들어가보고 탁구 치는 사람들도 구경하며 한참을 걸었는데도 공원이 끝나질 않는다. 중앙역 근처에 이 정도 크기의 공원이라니! 생긴 모습 그대로 자라온 거대한 나무들을 보며 서울에 있는 공원에 채 자라지 못한 어린 나무들, 사람

숲과 사람이 함께 살아가는 곳, 독일

도시숲 슐로스가르텐.

마음대로 가지가 잘려나가는 한국의 가로수들이 떠올랐다. 저 멀리 커다란 나무 사이를 거니는 사람들이 개미만큼 작아 보였다. 고개를 한껏 젖혀 눈앞에 나무를 올려다보니 내가 정말 작고 작은 존재라는 생각이 들었다. 나무들이 내게 겸손함을 가르쳐주는 것 같았다.

—

뮌헨에 위치한 큰 공원인 영국정원은 주민들뿐 아니라 여행객들에게도 무척 사랑받는 공간이다. 뮌헨에 머물던 어느 아침, 날씨가 너무 좋아 샌드위치에 허니 와인에 무릎담요까지 야무지게 챙겨 공원으로 갔다. 숲길을 한참 걸어 들어가 드넓은 잔디밭을 만났다. 잔디밭에 담요를 깔고 샌드위치와 허니 와인을 꺼내 점심을 먹었다. 잠시 쉬다가 한낮의 뜨거운 햇살을 피해 나무 그늘 밑에 누워 책을 읽었다. 움직이는 나무 그림자를 따라 자리도 옮기고, 또 조금 걸었다. 길가에 있는 지도를 보면서 저 너머를 가늠해봐도 끝이 보이지 않았다.

도저히 걸어서 다 둘러보기는 어려울 것 같아 자전거를 빌렸다. DB의 Call a Bike라는 어플로 길거리에 있는

숲과 사람이 함께 살아가는 곳, 독일

영국정원의 평화로운 풍경.

공공 자전거를 빌릴 수 있었다. 감으로 이건 이름일 거야, 저건 성별일 거야 하면서 회원가입에 성공해 어플이 작동하는 순간 우리는 환호성을 질렀다.

어렵사리 빌린 자전거를 타고 공원의 나머지 반을 달렸다. 공원 중앙을 가로지르는 도로의 위쪽 부분은 산책하는 사람들이 많지 않아 자전거로 달리기 딱 좋았다. 나무와 녹색으로 가득한 넓은 숲속에 군데군데 나 있는 오솔길을 자전거로 달리는 호사라니. 나무 사이로 빠져나가면 잔디밭이 펼쳐지고 그 끝에 또 숲이 있다. 시원한 숲속을 뻥 뚫린 마음으로 달렸다. 나무와 잔디밭이 스쳐 지나간다. 기분이 좋다.

―

뮌헨에 영국정원이 있다면 베를린에는 티어가르텐이 있다. 티어가르텐은 베를린에서 제일 큰 숲으로 떡하니 도시 중심을 차지하고 있는 푸르른 녹지다. 뮌헨에서 야간버스를 타고 베를린에 도착한 우리는 먼저 숙소에 짐을 맡기고 나와 티어가르텐에 가기 위해 지하철을 탔다.

역에서 나오자마자 산책로를 찾아 신이 나서 숲에 들

어갔지만 생각보다 사람이 없었고, 아침나절이라 그런지 공기도 쌀쌀했다. 너무 이른 시간에 온 건가 고민하며 티어가르텐 중심에 있는 금빛 승전 기념탑을 향해 걸었다. 탑을 중심으로 방사형 도로가 있고, 도로와 이어진 산책로로 숲 안쪽이 구석구석 연결되어 있지만 사방에 큰 나무들이 자리 잡고 있어 숲 안쪽에서는 도로가 잘 안 보였다. 숲속에는 나무뿐 아니라 중간중간 작은 연못과 다리도 있어 꽤 깊은 숲처럼 느껴졌다.

다음 날 다시 들른 티어가르텐에서 자전거를 탔다. 뮌헨의 영국정원에서 한 번 타본 덕인지 숲속에서 자전거 타기가 조금 익숙해졌다. 큰 나무가 없는 한강 공원이나 집 근처 불광천 자전거 도로와도 완전 다른 느낌이었다. 언젠가 우리의 작은 공원들이 커다란 숲이 된다면 정말 좋을 것 같다.

내친김에 자동차 도로로 나가보았다. 처음엔 무서워서 걱정을 많이 했는데 자동차와 함께 자전거를 타고 달리는 사람들이 꽤 많았다. 신호등 앞에 자전거 정지선도 따로 그어져 있었다. 수신호로 좌회전 우회전을 표시하며 차와 함께 달린다. 운전자들이 자전거라고 무시하는 느낌도 없고, 자동차와 함께 달려도 안전거리가 유지돼 위험하다는 생각이 별로 들지 않았다. 한국에서는 자전거 도로에서만 자전거를 탔었는데 시내 큰 도로에서 자동차들과 함께 달리다니 감개무량했다.

자연과 함께
살아간다는 건 뭘까

구매해뒀던 24시간 동안 교통편을 자유롭게 이용할 수 있는 티켓이 아까워 프라이부르크에서 무작정 트램 여행을 했다. 제일 처음 온 트램을 타고 가다가 길옆으로 공원 같은 묘지가 보여 안으로 들어가보았다. 커다란 나무들과 아름답게 조성된 정원, 분수대, 조각들이 가득한 오래된 묘지는 생각했던 것과 달리 무겁지 않아 보였다. 제각기 다르게 생긴 비석들과 그 앞을 장식한 여러 꽃과 나무, 묘지 중간중간 놓인 벤치들. 정원을 가꿀 수 있게 도구를 빌려주는 공간도 보였다. 조금은 가볍게, 조금은 즐겁게 찾아올 수 있을 것 같은 공간이었다. 정원을 가꾸듯 무덤가를 가꾸고 공원을 산책하듯 죽은 이를 방문하는 사람들. 이들은 죽음과 과거, 사랑했던 이들과 가까이 사는구나 하는 생각이 들었다.

 독일에서 우리가 가본 지역들은 어디나 도시 안에 나무와 공원이 있었다. 자그마한 잔디밭이나 공원에도 사람들이 있었고 그들은 자연스레 잔디밭에서 시간을 보내고 공간을 즐기는 듯 보였다. 영국정원에 갔을 때 잔디밭 가득 노란 꽃이 피어 있었는데 사람들이 그 예쁜 잔디밭에 들어가 있는 걸 보고 살짝 당황했다. 잔디밭에는 들어가면 안 된다고 못이 박히게 들어왔는데, 잔디밭에서 편하게 밥을 먹고, 앉아서 이야기를 하거나 누워 자고 있는 사람들을 보니 우리의 '잔디밭에 들어가지 마시오!'라는 팻말이 떠올랐다. 잔디밭과 공원은 이용해야 하는 자원일까, 보호해야 할 대상일까? 우리의 도시에선 자연과의 접점이 너무나 부족해 조그마한 잔디밭도 거리를 두고 지켜야 하는 존재가 되어버린 건 아닐까? 하지만 분명히 사람들 손길에 시달리고 망가지는 화단을 본 것도 같은데, 이곳의 녹지는 훨씬 널찍해서 망가져도 회복할 시간이 충분한 건가? 본연의 모습대로 살아가는 나무들을 바라보고, 이를 즐기며 살아온 사람들은 '자연'과 '나무'에 대해 어떤 관념을 갖게 될까? 봄마다 가지치기를 당하고, 전깃줄을 피해 기괴한 모습으로 자라는 서울의 가로수들은 이곳의 나무와 얼마나 다를까? 그 속에서 살아온 나는 당연히 이들과 다른 생각을 갖게 되겠지.

―

　숲속이 검게 보일 정도로 나무가 빽빽하게 서 있어 '검은 숲'이라 불리는 슈바르츠발트는 프라이부르크에서 시작하는 독일 남부의 거대한 삼림지대다. 검은 숲을 처음 본 순간, 빽빽하게 들어서 있는 나무의 색감과 웅장함에 압도당했다. 기차를 타고 지나가며 창밖으로 보이는 색다른 숲의 모습에 입을 헤벌리고 정신없이 구경했다. 눈이 반짝반짝해져서 둘러보는 내게 신범은 검은 숲도 사람이 가꾼 인공 숲이라며 우리나라에도 이만큼 아름다운 숲이 있다고 한마디 했다. 나는 왜 멀리 나와서야 아름다움을 발견하는 것인지.

　우리가 방문한 티티제 근처의 검은 숲은 하이킹 코스가 잘 정비되어 있어서 지역에서 무료로 나눠주는 지도만 보고도 쉽게 길을 찾을 수 있었다. 중간중간 길들이 만나고 나뉘는 곳에는 빨강, 노랑 도형들로 길을 구분해 놓은 화살표 모양의 이정표가 체력에 맞는 코스를 선택할 수 있도록 도와준다. 아름다운 숲뿐 아니라 사람이 만든 시스템도 감탄을 자아냈다.

반면, 독일 최고봉인 추크슈피체에 갔을 때는 아름다운 경관과 함께 어우러진 스키장의 풍경이 날 혼란스럽게 했다. 빙하에서 썰매와 스키를 타고, 스키장에 앉아 감자튀김을 먹고 맥주를 마시고 선베드에 누워 햇볕을 쬐는 사람들의 모습이 좋게 보이지만은 않았다. 해발 2,600m에 사는 새가 스키장에서 사람들이 먹는 감자튀김을 호시탐탐 노리는 모습이 충격적이었다면 내가 너무 민감한 걸까.

4월에도 눈이 덮인 산 정상의 날씨는 모질었다. 자비 없는 찬 바람에 몸을 부르르 떨다가 정상 부근에 있는 식당에 들어가 따끈한 헝가리식 스튜인 굴라쉬와 맥주를 한잔했다. 하고 싶은 대로 다 할 수 있는 추크슈피체 정상이 내내 좀 불편했다. 힘들이지 않고도 높은 산에 올라 스키를 타고, 햄버거를 먹고 맥주를 마신 후 30분도 안 되어 내려갈 수 있는 게 자연스러운 일일까. 이런 문제로 아름다운 풍경을 맘껏 즐기는 신범에게 하루 종일 툴툴

숲과 사람이 함께 살아가는 곳, 독일

검은 숲에 세워진 이정표와 추크슈피체 정상의 모습.

대던 나는 정말 나쁜 파트너였다. 그래도 케이블카는 툴툴거리는 나를 개의치 않고 안개 낀 능선을 타고 정말 순식간에 산 아래 내려주었다.

숲의 이정표나 추크슈피체 정상의 풍경이나 똑같이 자연에 사람의 손이 닿은 모습인데 왜 어떤 것에는 즐거움을, 어떤 것에는 불쾌함을 느꼈을까? 검은 숲 산책로에 사람이 넘치도록 많았다면 역시 불쾌감을 느꼈을까? 아니면 하이킹과 스키라는 스포츠에 대한 고정관념 때문일까? 자연의 틀을 최대한 지켜가며 놓인 하이킹 코스와 빙하 위에 놓인 리프트와 선베드가 동일하다고는 생각하지 않는다. 그저 마음에 어느 정도 허용 가능한 '선'이 있으려니 생각해본다.

다시 한 번 스스로에게 질문을 해본다. 자연은 함께 살아가는 존재일까, 인간이 이용하는 대상일까? 자연과 공존한다는 건 도대체 뭘까? 오늘도 대답 없는 질문들을 던져본다.

작은 공동체와 도시텃밭

베를린에서 가장 보고 싶었던 곳은 베를린장벽도, 휘황찬란한 백화점과 광장도 아닌 베를린 사람들의 온기가 느껴지는 커뮤니티 공간이었다. 특히 문화로놀이짱 친구들이 출장을 다녀온 후 진행했던 보고회에서 알게 된 템펠호프 공원, 무지개 공장, 프린세스가든 등은 지도에 별표로 찍어놓고 가볼 수 있기만을 고대했었다.

무지개 공장 Regenbogen Fabrik

대안이 되는 삶의 방식을 만들어내는 다양한 프로젝트들을 독립적으로 또는 연대하여 진행하는 곳이다. '연대하는 경제'라는 개념 안에서 함께 일하고 함께 살아간다. 호스텔과 커피숍, 자전거 공방, 목공방 등을 운

영하며 다양한 프로젝트를 진행한다. 코트부서토어역
(Kottbusser Tor) 근처에 위치.

템펠호프 공원 Tempelhofer Feld

서베를린에 위치한 옛 공항으로 2008년 폐쇄되었다가 2년 후 공원으로 탈바꿈해 시민들에게 개방되었다. 면적은 베를린의 드넓은 숲인 티어가르텐보다 1.7배 크다고 한다. 정부가 임대주택 등을 이유로 개발하려 했지만 시민들이 주민 투표로 공원을 지켜냈다. 특별한 시설 없이 활주로를 포함한 예전 공항의 모습 그대로 시민들이 자유롭게 사용하고 있다.

프린세스가든 Prinzessinnengarten

2009년부터 노마디쉬그린이라는 단체가 도시에 버려져 있던 6,000㎡의 공간을 텃밭으로 만들어 운영 중이다. 도시에서 지속가능한 방식으로 살기를 고민한다. 상자 텃밭으로 시작해 현재는 텃밭 생산물로 카페와 식당을 운영하고 있다. 스몰 키친이라는 이름의 공간에서는 수시로 워크숍을 열고, 텃밭을 운영할 자원봉사자도 모집하니 홈페이지를 통해 일정을 확인하고 방문하는 게 좋다. 모리츠플라츠역(Moritzplatz) 바로 앞에 위치.

무지개 공장의 호스텔에서 숙박하고 싶었지만, 문의해 보니 이미 예약이 완료되었다는 답변을 받게 되었다. 무지개 공장에서 운영하는 자전거 공방이나 목공방도 구경하고, 사람들도 만나보고 싶었다고 아쉬워하며 템펠호프 공원 근처로 에어비앤비를 구했다.

숙소를 찾아가던 도중에 캐리어 바퀴가 고장 났다. 캐리어에서 바퀴가 이렇게나 중요한 부분인 줄 미처 몰랐다. 어느 부위가 캐리어의 정체성을 만드는지 정확히 깨닫게 됐다고 해야 할까. 둘이 밀고 당겨 겨우 숙소에 도착했다. 짐을 올리고 또 한참 땀을 식혀야 했다. 그래도 짐을 풀고 계획대로 크로이츠베르크 지역에서 하는 지역 축제인 마이페스트를 보려고 집을 나섰다. 크로이츠베르크 지역은 전후에 재개발 계획이 진행될 때 지역 주민들이 함께 힘을 뭉쳐 상업적인 개발을 막고 공동체를 위한 공간으로 가꾸어온 역사가 있다고 한다. 마이페스트는 매년 5월 1일이면 지역의 온 거리에서 열리는 매우 큰 규모의 지역 축제다.

코트부서토어역에 내렸다. 역 근처에 있는 크로이츠베

르크 지역 박물관 FHXB는 주민들의 힘으로 만든 공간이다. 지역 역사에 관한 전시는 주민분들의 안내를 받을 수 있다. 옛 거리의 모습을 재현한 미니어처와 주민들의 이야기를 기록해둔 전시관이 시선을 붙들었다.

박물관을 나오니 역 앞 교차로에 경찰이 서 있고 길은 모두 다 차 없는 거리가 되어 있었다. 이른 오후인데도 곳곳에 사람들이 가득했고, 길가에 음식 노점들이 줄 지어 바비큐 연기를 하늘로 뿜어 올리고 있었다. 독일 사람들은 노동자의 날을 맞이해 축제를 즐기고, 노점상에는 이민자들이 가지각색 물건들을 펼쳐놓고 장사를 하고 있었다. 거리를 걷다 보니 점점 사람이 많아졌다. 중간중간 노천무대가 서 있고 소방서에서 나와 안전 교육을 하기도 하고 밴드 공연이나 아이들의 댄스 배틀을 구경할 수도 있었다. 교회 앞 잔디밭에는 많은 사람들이 자리를 깔고 앉아 음식을 먹으며 햇살 좋은 오후를 즐기고 있었다. 우리도 담요를 깔고 앉아 분위기를 즐겨보았다.

다음 날엔 프린세스가든에서 하는 워크숍을 들으러 갔다. 꼭 가보고 싶었던 곳 중 하나인 프린세스가든은 도시의 커뮤니티 가든이다. 몇몇 사람들이 도심 속 버려진 공간을 지역 주민들과 함께 도시 텃밭으로 가꿔 누구든지 들어올 수 있는 모두의 공간으로 만든 것이다. 모리츠플라츠역에서 내려 출구로 나가자마자 바로 보이는 프린세스가든은 마침 씨앗을 판매하는 Social Seeds 행사로 북적북적한 상태였다. 워크숍 장소인 스몰 키친을 찾아 두리번거리며 돌아다녔다.

워크숍은 Edible Alchemy라는 그룹이 진행하는 발효 수업이었다. 홈페이지에 영어와 독일어로 진행한다고 표시되어 있기에 들으러 왔지만 독일 억양이 살아 있는 영어는 알아듣기가 쉽지 않았다. 콤부차*, 워터 케피어**, 요거트 등 발효 식품에 관해 이야기하고 본격적으로 워

---

* 홍차, 허브차, 녹차를 우린 물에 여러 효모 세포와 미생물로 구성된 박테리아 유익균을 첨가해 만드는 발효차.
** 유산균과 효모가 결합된 천연 발효 스타터.

Social Seeds 행사에서 판매되고 있는 씨앗들.

크숍이 시작됐다. 양배추를 발효시켜 만드는 독일 요리인 자우어크라우트를 만드는 데 필요한 준비물은 양배추, 소금, 물 세 가지. 양배추를 잘게 썰고 손으로 주물거린 후 숨이 죽으면 깨끗한 병에 넣어 공기와 닿지 않게 물을 넣고 밀봉한다. 손에 있는 균을 이용해 발효하는 거라고 했다. 발효가 우리 손에 있는 균으로 만들어진다니 그래서 '사람마다 손맛이 다르다'는 말이 있는가 보다.

워크숍에서 만난 한국인 한 분과 점심을 함께했다. 점심 뒤에 이어지는 워크숍이 독일어로만 진행된다고 해서 일찌감치 포기했었는데 그분이 함께 들으면 좋겠다고 제안해주신 덕분에 용기를 얻어 참여했다. 워크숍의 이름은 Waste Food Cooking. 근처 마트에서 버려지는 식재료를 얻어다가 요리하는 워크숍이었다. 원래는 식재료를 얻어오는 일부터 시작한다고 했었는데 다행히 그 부분은 진행자가 미리 준비해놔서 서툰 영어로 가게에 부탁해야 할 일이 사라졌다. 그날의 식재료는 노랗게 마른 브로콜리와 부분 부분 멍들고 망가진 사과, 약간 맛이 간 고추와 가지였다. 세 팀으로 나뉘어 사과를 자르고, 야채를 다듬었다. 내게 주어진 재료는 브로콜리였는데 녹색의 꽃이었을 부분이 모두 노랗게 말라붙어 있었다. 어디까지 먹을 수 있을지, 어디까지 잘라내야 하는 것인지.

노란 부분을 다 제거하고 남은 브로콜리 줄기와 양파를 잘게 잘라 스프를 끓이고, 가지와 양파를 볶아 반죽 속에 넣거나 반죽 위에 올려 빵을 구웠다. 오븐 팬에 자

마른 브로콜리도 충분히 맛있게 먹을 수 있다.

른 사과를 넣고 그 위에 크럼블 반죽을 올린 사과 크럼블을 굽는 것으로 마무리했다. 요리하기 전 그 엄청난 외모의 재료들로 만들었다고는 상상할 수 없는 맛있는 한 끼였다.

독일에서도 모양이 별로거나 조금 망가졌다는 이유로 마트나 대형 식료품점에서 버려지는 식재료가 상당히 많다고 한다. 전에는 덤스터 다이빙*을 하는 젊은이들이 있다는 기사를 보거나 《나만의 독립국가 만들기》** 등의 책을 보며 '버려지는 음식이 참 많구나. 그걸 먹어도 되나?' 정도의 감상만 가지고 있었다. 워크숍 이름만 보았을 때도 생산, 운반, 진열되어 판매되거나 버려지는 식재료의 삶에 대해서는 떠올리지 못했다. 생각해보면 우리가 항상 신선한 상태로 마주하는 마트의 채소와 과일들이 처음부터 끝까지 그대로일 수는 없을 텐데 말이다. 깨끗한 진열대와 밝은 조명 아래 늘 신선한 상태로 보이기 위해 조금만 망가져도 버려지고 말았을 수많은 것들이 얼마나 많았을까. 조금만 잘라내도 먹을 수 있는데, 상품 가치가 없다고 버려지고 있을 음식물의 양은 얼마나 될까? 아니, 당장 나의 냉장고에서 버려지는 식재료는 얼마나 될까?

---

* 유통기한이 지났다는 이유로 버려지는 멀쩡한 음식물을 쓰레기통(덤스터)에 들어가서 꺼내 오는 행위.
** 《나만의 독립국가 만들기》, 사카구치 교헤 저, 고주영 역, 이음, 2013.

―

베를린에 머무는 동안 이틀에 한 번씩은 템펠호프 공원에서 시간을 보냈다. 담요와 책을 챙겨 나가기도 하고, 공원 한편에 꾸며진 상자텃밭들을 구경하기도 했다. 인터넷으로 흔히 검색되는 네모난 플라스틱 상자가 아니라 다양한 재료들로 만들어놓은 개성 있는 상자텃밭들이다. 텃밭 구석구석 사람들이 앉을 수 있도록 의자가 놓여 있고, 아이들이 놀 수 있는 작은 집이나 비행기 같은 구조물도 있었다. 의자에 가만히 앉아 느끼는 더딘 시간의 흐름, 텃밭 옆 작은 전망대에서 보이는 풍경, 장난감 같은 집에 몸을 우겨 넣는 재미까지!

저녁이면 거대한 공항 반대편의 지평선이 노을로 붉게 물들었다. 연을 날리거나 강아지와 함께 산책하고, 자전거를 타거나 바비큐를 구워 먹는 사람들. 우리는 그 안에 앉아 하늘을 바라보며 시간을 보냈다.

마지막 날 자전거를 빌려 공원을 한 바퀴 돌았다. 몇 년 전 신범에게 자전거를 배울 때 골목에 자전거를 탈 만한 넓은 공간이 없어 끙끙대던 기억이 떠올랐다. 자동차

숲과 사람이 함께 살아가는 곳, 독일

공항을 폐쇄해 만들어 드넓은 템펠호프 공원.

템펠호프공원 커뮤니티 가든에 있는
재미난 모양의 상자텃밭과 재활용 화분들.

나 보행자 어디에도 부딪힐 염려 없이 넓디넓은 공간을 자전거로 마음껏 달리는 경험이라니. 지역 주민들이 지켜낸 모두를 위한 공간이 주는 이 풍요로움!

로컬 푸드가 한가득,
지역 시장

 여행을 다니는 동안 지역 시장엔 꼭 가보았다. 여행 중 처음 만난 시장은 프라이부르크의 뮌스터 성당 시장이었다. 평일 아침 일곱 시부터 오후 한 시까지 성당 앞 광장에서 농부 시장이 열린다. 신선한 야채와 과일뿐 아니라 유명한 슈바르츠발트 햄을 판매하는 부스도 있다. 성당 왼편에는 자신이 직접 생산한 상품만 팔고, 오른편에는 다른 곳에서 사온 물건도 팔 수 있게 구분되어 있었다. 덕분에 야채 외에도 소소한 주방용품이나 나무로 만든 장식품 등을 구경할 수 있었다.
 시장이 열리는 시간에 가면 뮌스터 소시지를 굽는 냄새를 맡을 수 있다. 빵 사이에 끼운 갓 구운 기다란 소시지를 야금야금 먹으며 시장을 돌아다녔다. 슈투트가르트에서도 비슷한 모습을 상상하며 마르크트할레라는 곳에 갔는데 100년 된 시장인데도 너무 세련되고 깨끗하게 정비돼 있어 오히려 실망스러웠다.

뮌헨에서는 식료품 시장으로 유명한 빅투아리엔마르크트에 가보았다. 식료품 마켓에 걸맞게 음식 노점이 다양했다. 눈구경, 맛구경 실컷 하고 사람들이 맛있다고 추천해서 노트에 별표까지 땡땡 그려 적어놓았던 허니 와인도 한 병 사서 가방에 챙겼다.
    뮌헨의 여러 플리마켓 정보를 발견한 김에 아예 하루 날을 잡아 전부 돌기로 했다. 두근두근!

―

엄청 큰 플리마켓이 열린다는 마리아플라츠로 가던 길에 골목이 북적북적해 보여 잠깐 내렸다. 길거리에 테이블과 행거가 줄지어 있었다. 둘러보니 세 블럭 정도 되는 거리에 주민들이 대문이나 공동주택 현관을 열고, 안마당에 플리마켓 테이블을 만들어 마켓에 참여하고 있었다. 현관문에 붙어 있는 포스터엔 하이드하우젠 벼룩시장이라고 적혀 있었다. 이 행사는 지역 거주민들이 각자의 안뜰을 열어 플리마켓을 여는 것이다. 한국으로 치면 같은 동 주민들이 함께 행사를 여는 거다. 꽤 넓은 지역의 주민들이 함께 플리마켓을 여는 것도 신기했는데 나중에 찾아보니 하이드하우젠 외에도 여러 지역에서 돌아가며 열린다고 한다. 안 쓰는 그릇, 아기 옷, 신발, 가방, 인형 등 각양각색의 물건들이 나와 있었다. 물건 구경도 재미났지만 평소라면 들어갈 수 없었을 개성 넘치는 안마당을 구경하는 재미도 쏠쏠했다. 창고를 비우자는 콘셉트에 걸맞게 아무도 살 것 같지 않은 온갖 잡동사니들을 파는 집도 있었다. 아이들 유치원 앞마당에서 학부모로 보이는 사람들이 파는 칠리도 먹어보고, 노인복지관 앞에서 할머니들이 판매하시는 케이크도 한 조각 맛보고, 동네 카페에 들어가 발을 쉬며 맥주도 한잔했다. 잠시 쉬고 나서 원래 목적지인 마리엔플라츠로 이동했다.

버스에서 내려 걸은 길은 한참이었다. 다리가 아팠지만 저 멀리 교회 앞 광장에 텐트가 호기심을 불러일으켰다. 그런데 웬걸. 가까이 가보니 채칼 파는 아저씨와 건강 베개, 그릇 닦는 솔 등을 파는 매장들만 늘어서 있었다. 우리나라 야시장과 별반 다르지 않은 모습이다. 실망감을 애써 다독이고 다섯 시에 개장한다는 미드나잇 플리마켓에 갔다. 미드나잇 플리마켓은 항상 열리는 시장이 아니라서 인터넷 사이트에서 미리 확인해보고 가는 게 좋다.

너무 일찍 도착해 근처를 헤매다가 개장하기 20분 전에 가서 줄을 섰다. 그런데도 우리 앞에는 벌써 많은 사람들이 대기하고 있었다. 입장료 3유로를 내고 손등에 도장을 찍고 들어간 곳은 폐공장이었다. 건물 안으로 들어서니 눈이 휘둥그레졌다. 정말 특이하게도 공장 3층까지 간이 계단이며 복도를 설치해 플리마켓을 열고 있었다. 아, 공간이 주는 독특한 느낌이라는 게 이런 거구나!

3층까지 두 바퀴를 돌고 나서 서로에게 용돈을 2유로씩 주기로 했다. 신범은 그 돈으로 빈티지 자물쇠를 하나 구입했고, 나는 같은 가격에 청바지를 하나 샀다. 신범이 사온 물건을 보고 나도 자물쇠를 살 걸 얼마나 후회했던지. 각자에게 주어진 2유로는 이렇게나 다르게 돌아왔다.

사람들로 꽉 들어찬 미드나잇 플리마켓.

—

독일의 마지막 여행지였던 베를린에선 되도록 작은 동네 시장에 가고 싶었다. 그래서 처음 가게 된 곳이 콜비츠플라츠 시장이었다. 트램에서 내려 조용하고 정갈한 주택가를 지나 걸어가니 아이들 놀이터가 있는 작은 공원이 보이고, 도로 옆에 장이 서 있었다. 에코 마켓이라는 이름의 이 시장은 크기가 정말 작았고 유기농 야채와 고기 같은 식재료와 친환경적인 물품이나 수공예 제품을 판매하고 있었다. 길 끝에 있는 네팔 음식을 파는 푸드 트럭에서 렌틸콩으로 끓인 수프인 '달'을 한 그릇 사서 나누어 먹고, 비가 그치길 기다렸다가 다시 역 쪽으로 걸었다. 시장은 작았지만 동네 자체가 꽤 인상적이어서 그다음 주에 다시 들렀는데, 이번에는 두 블록 정도 되는 거리에 가판과 사람들이 가득해서 같은 시장이 맞나 다시 볼 정도였다.

베를린에서 우연히 푸드 어셈블리라는 신기한 시장을 알게 됐다. 신범이 템펠호프 공원으로 아침 운동을 나갔다가 가져온 종이에 적혀 있던 곳으로, 주소지가 숙소 가까운 데 있어 한번 찾아가보기로 했다.

우리가 간 곳은 아고라 푸드 어셈블리였는데 AGORA라는 코워킹 스페이스* 앞마당을 빌려 2주에 한 번씩 모

---

* 다양한 분야에서 독립적인 작업을 하는 사람들이 한 공간에 모여 아이디어를 공유하며 의견을 나누는 협업 공간 또는 커뮤니티.

인다고 했다. 푸드 어셈블리는 온라인으로 로컬 푸드를 판매하고, 오프라인에서 판매자와 구매자를 연결하는 일종의 플랫폼이다. 이곳은 일반 시장과는 달리 호스트라는 제도가 있는데 오프라인에서 열리는 푸드 어셈블리는 지역의 호스트가 공간과 생산자, 소비자를 모두 섭외하여 기획한다. 소비자들은 행사가 열리기 전에 온라인으로 제품을 미리 주문하고 오프라인 모임에 와서 구매한 물건을 받아간다. 당일 구매는 불가능하며, 당일 모임에서는 주로 판매자가 자신의 생산물을 소개하고 구매자의 피드백을 듣는 등 판매자와 구매자 사이의 관계를 만드는 일에 집중한다. 온라인 쇼핑몰과 동네 장터를 합친 것 같은 느낌이지만 판매뿐 아니라 관계 맺기에 집중한다는 점에서 큰 차이가 있다. 푸드 어셈블리는 독일 외에도 프랑스, 영국 등 다양한 국가에서 열리며 홈페이지를 통해 확인이 가능하다.

  처음에는 동네 작은 장터라고 생각했는데 알고 보니 단순한 장터가 아니었다. 행사를 주최한 호스트들은 모든 참여자와 인사하고 이야기를 나눈다. 처음 방문하는 사람들에겐 푸드 어셈블리에 대해 설명하고 주변에 부스를 차린 농부를 소개해주고 대화할 수 있도록 도와주

푸드 어셈블리 행사에서 만나 대화하는 사람들.

었다. 현재 서울에서 열리는 농부 시장인 마르쉐@과 비슷한 느낌이지만 미리 주문을 받아 물건을 판매한다는 점이 달랐다.

자연 그대로를
사랑하는 가게들

베를린에서 묵었던 숙소 호스트인 요한나가 알려준 보물 같은 가게 아펠갤러리를 소개하고 싶다. 아펠갤러리는 사과를 파는 로컬 푸드 가게다. 우리나라로 치면 경기도쯤 되는 베를린 근교의 브란덴부르크 지역에서 나는 사과를 주로 판매하는데, 일 년 동안 판매하는 사과가 약 200종류나 된다고 한다. 사과가 200가지나 존재하다니! 우리가 아는 건 부사, 아오리, 홍옥. 그리고 또 뭐가 있더라?

제철 상품을 판매하다 보니 우리가 방문했을 땐 사과가 철이 아니라서 판매하는 사과 종류가 많지 않았다. 그래도 네다섯 가지의 사과와 약간의 야채를 판매하고 있었는데 크기에 따라 선별하지 않은 사과는 마트에 비해 저렴하고 맛도 훨씬 좋았다. 가게 단골들은 주인과 친해 보였는데 서로 안부를 물으며 사과 종류를 물어보는 모습이 정말 동네 가게다웠다. 사과 이외에도 가족농이 재배하는 배, 자두, 체리와 지역 채소들, 사과 주스나 사과 칩, 잼 등도 함께 판매하고 있었다. 친절하게 이것저것 이야기해주는 주인에게 친구 소개로 왔는데 가게가 너무 좋다고 이야기하니 사과 철에는 매일 스무 가지가 넘는 사과가 새로 들어온다며 가을에 와보라고 했다. 그 모

가게에 진열된 다양한 종류의 사과들.

든 사과를 맛볼 수 있는 이곳 사람들이 정말 정말 부러웠다.

―

신범이 가고 싶어 했던 OU(Original Unverpackt)도 빼놓을 수 없다. OU는 일회용 포장재를 사용하지 않는 가게다. 집 근처 슈퍼나 시장에서 물건을 살 때면 언제나 작은 물건에도 과한 포장 때문에 불편했는데, 여행 전에 OU에 관한 기사를 보고 베를린에 가면 꼭 들르겠다고 생각했었다. 참고로 OU는 '원래부터 포장되어 있지 않음'이라는 뜻이라고 한다. 너무나 당연한 말이지만 우리가 무얼 구매하든 좀처럼 만날 수 없는 상태이기도 하다. 도대체 깐 마늘 한 줌에 붙어 있는 스티로폼 접시의 용도는 무엇일까? 집에 쌓여 있는 검은 봉지와 반투명 비닐봉지는 가정마다 몇 장씩 가지고 있을까?

최근 캘리포니아에서는 비닐봉지 사용을 금지했다는 기사를 읽었다. 바다 생물에게 치명적이라는 비닐봉지. 대체 얼마나 사용되고 버려지는지, 버려진 것들은 얼마나 긴 시간이 지나야 썩어 없어지는지 대다수의 사람들은 알지 못하고 관심도 없는 듯하다.

이 가게는 불필요한 포장을 다 치워버렸다. 야채와 과일뿐만 아니라 곡류와 파스타, 밀가루 같은 식자재와 와인, 식초 같은 액체도 대용량 통에 담겨 있었다. 손님이 직접 통을 가져와 무게를 달아서 가격을 지불할 수 있도록 되어 있는 시스템이다.

가게의 외관은 인터넷 기사에 올라온 사진들과 크게 다를 바 없었지만, 손님이 자기가 사용하는 세제 용기를 들고 와서 무게를 달고 리필해가는 모습을 실제로 목격했을 때는 꽤나 충격적이었다. '일반적인 가게였다면 손님들이 고객 편의를 중요하게 생각하지 않는다고 불만을 엄청 표시했겠지'라고 생각하며 웃었다. 물론 담아갈 그릇이 필요한 고객을 위해 가게 한쪽에 몇 가지 유리 용기를 팔고 있었다. 야채 과일 매대 한쪽에는 종이봉투를 비치해 맨손으로 온 고객을 위한 최소한의 배려도 해두었다. 과일이나 야채는 계산대에서 무게를 달아 바로 계산이 가능해 하나하나 봉지에 싸서 가격을 찍어 가져갈 필요가 없다는 점 또한 인상 깊었다.

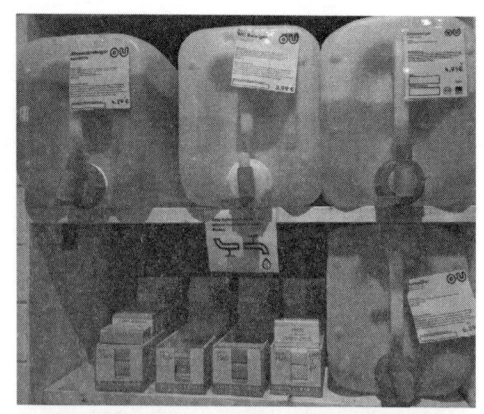

OU 매장 진열대.

고마워요,
따뜻한 알렉스!

드디어 프랑크푸르트, 프라이부르크, 슈투트가르트, 뮌헨, 베를린으로 이어진 독일 여행이 끝났다. 한 달여간의 시간 동안 다소 낯선 숲과 공동체의 모습을 둘러보려 열심히도 다녔다. 여행하는 동안 그 동네 사람들의 삶을 들여다보고자 에어비앤비를 이용하고 호스트들과 이야기도 나누려 노력해봤지만, 아마 그들의 삶을 살짝 엿본 것에 불과했을 것이다.

여행 내내 참 좋은 사람들을 많이도 만났다. 에어비앤비를 이용하면서 만난 호스트들은 우리를 친구처럼 대해줬다. 살면서 나는 누군가에게 그런 친구가 되어본 적이 있었나. 아무런 조건이나 기대 없이 있는 그대로 받아들이는 사람들이 신기하고도 고마웠다.

체크인 시간을 한 시간 넘게 기다려준 프랑크푸르트의 톰, 베를린에서 친구처럼 지냈던 요한나도 좋았지만 그 중 우리를 가장 따뜻하게 맞이해준 건 프라이부르크의 알렉스였다.

알렉스는 우리를 만나기도 전부터 자신이 가이드를 해주겠다는 메시지를 보내왔다. 처음엔 대체 이 사람이 왜 이런 친절을 베푸는 걸까 싶어 경계심 가득한 채로 숙소에 도착했다. 알렉스는 우리를 보자마자 데리고 나와 도시의 골목 곳곳을 걸어 다니며 프라이부르크가 어떤 곳인지 소개해주었다. 골목의 역사를 이야기해주고 성당의 아름다움을 알려주며 우리가 충분히 그 분위기를 즐길 수 있도록 기다려주었다. 사랑하는 프라이부르크를 소개해주고 싶어 안달난 사람. 그게 알렉스였다.

함께 지내는 동안 무엇이든 마음껏 꺼내 먹고 어디든 편하게 지내라는 말에 한국 사람답게 괜찮다고 두 번쯤 거절했다. 결국 그녀에게 적응될 즈음 다른 도시로 떠나게 되었다. 떠나는 당일, 알렉스는 독일어로 시간, 출발지, 목적지 등을 적어 주며 독일에서 모르는 게 있으면 언제든 연락 달라고 신신당부했다. 집에 있는 음식까지 뭐든 챙겨 가라는 말이 마음을 따스하게 데워주었다. 그녀의 무조건적인 호의에 쪼그라들었던 마음이 보송보송 부풀어 올랐다. 고마워요, 알렉스! 나에게도 이렇게 누군가 환대할 수 있는 긍정적 에너지가 있었으면 좋겠다. 알렉스가 나누어 준 따뜻함을 다른 이에게 나눠 줄 수 있었으면.

우리는 드디어 독일을 떠나 두 달 동안 덴마크의 공동체 안에서 함께 살아보기로 했다.

2장
함께 살기 위한 상상력,
덴마크

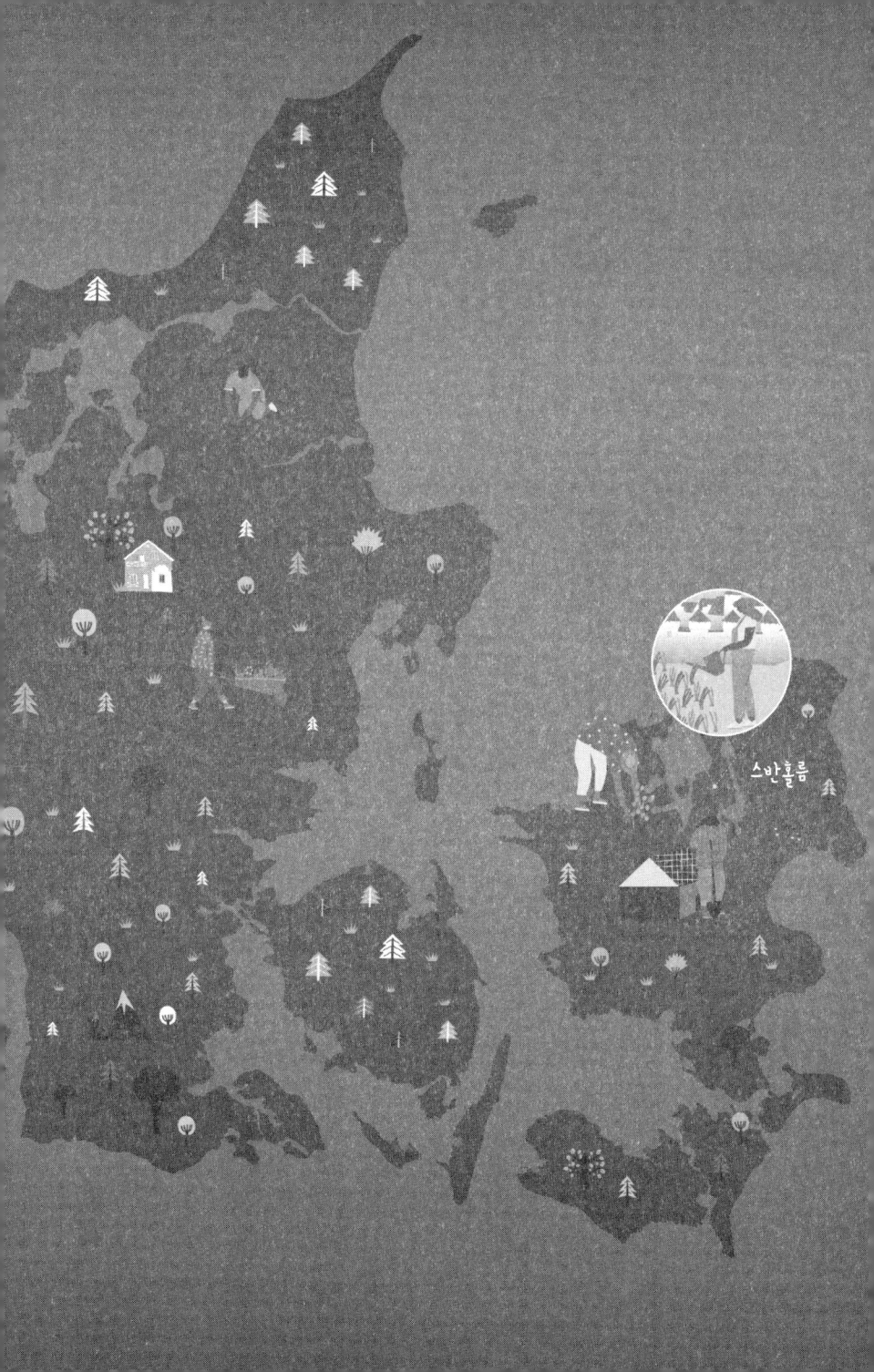

공동체의 진정한 의미

 나에게 공동체 생활은 매우 피곤한 일이었다. 학교와 동네에 친구들이 있었지만, 나보다 못한 친구는 못하다고, 잘난 친구는 잘나다고 비교당하기 일쑤였다. 세상은 서로 보듬으며 함께 살아가는 곳이라는 것을 거의 느끼지 못하는 교육을 받아왔다. 항상 남보다 내가 더 잘해야 했다. 우리 반, 우리 학교 1등은 누구인지 모두가 알았고, 엄마 친구 딸은 언제나 나보다 공부를 잘하는 그런 삶을 살아왔다. 아, 지겨워. 아마 많은 사람들이 비슷하게 살지 않을까 하는 생각을 해본다.

 공동체에 관심을 갖게 된 건 서울이라는 도시에서 살아온 십 몇 년의 시간 동안 '혼자'라는 게 주는 불편함과 불가능을 직접 느꼈기 때문이기도 했다. 아플 때, 힘들 때, 외로울 때 힘이 되어줄 수 있는 누군가가 가까이 살았으면 하는 마음. 가끔 밥이 너무 맛있게 잘되었을 때 함께 먹자고 부를 친구가 있었으면 하는 아쉬움. 너무 아파 응급실에 가야 할 때 같이 가줄 사람이 한 명쯤은 근처에 살았으면 하는 생각. 친구들이 하나, 둘 결혼하고 아이를 낳으면서부터는 애를 돌보느라 집 밖에도 잘 나오지 못하는 걸 보며 함께 모여 아이를 키우고 서로 의지할 수 있었으면 하는 생각들이 자꾸 커졌다. 최근에는 '공유주택'이라는 단어도 심심치 않게 들을 수 있고, 귀촌을 해 공동체에서 함께 살아간다는 기사라든가, 마을 만들기에 대한 이야기들을 쉽게 접할 수 있다. 이런 이야기들에 관심은 가지만 그러면서도 이웃과 일상을 공유하며 살아본 경험이 없어 다른 사람들과의 거리를 잘 유지할 수 있을까, 누군가와 함께 살면 내 영역에 간섭하려 들지 않을까 하는 걱정이 앞선다. 함께 산다는 게 어떤 건지 잘 모르니 혹시 싸우기라도 하면 친구들과 관계가 아예 틀어질까 봐 함께 살자고 이야기하기도 힘들다.

어쩌면, 아프면 구급차 불러 병원에 가고, 맛난 음식은 식당에서 사 먹고, 번호 키에 CCTV 등 안전시설이 되어 있는 좋은 집에서 살면 혼자 지내기에도 충분한 세상일지 모른다. 돈 벌어 좋은 시설에 아이를 맡기고 자기만의 시간을 즐기는 사람들도 더러 있을 것이다. 하지만 나처럼 보통의 삶을 살아가는 사람들은 아플 때 구급차를 부르려다가도 비싸진 않을까 멈칫하게 되고, 건물 입구에 번호 키와 CCTV가 달려 있는 관리비가 비싼 건물에 살아도 오히려 한 건물에 사는 사람이 무섭게 느껴지기도 한다. 그렇게 가족이나 지역공동체를 신뢰하면서 비용이 들지 않던 부분들이 지금 우리 사회에서는 돈을 지불해야 하는 서비스로 바뀌면서 보살핌이나 안전망은 가진 사람들만 누릴 수 있는 혜택이 되어가고 있다. 그러니 이런 역할을 돈으로 바꿀 수 없는 사람과 바꾸고 싶지 않은 사람은 서로에게 버팀목이 되어줄 누군가가 주변에 있어주길 바라게 되는 것 같다. 이렇게 많은 이들이 다시 돈으로 해결할 수 없는 서비스들을 함께 해결하려고 하다 보니 공동체와 마을, 공유와 네트워크에 대한 이야기가 계속 생겨나는 게 아닐까. 그렇다면 도대체 행복지수 1위에 사회복지제도 또한 매우 잘되어 있는 덴마크에서 사람들이 왜 굳이 공동체를 이루고 사는지가 궁금했다.

그렇게 우리는 스반홀름에 갔다.

함께 살아가는 곳,
스반홀름

'그래서 스반홀름이 뭐예요?'라고 물어보면 뭐라고 대답해야 하나. 얼굴을 마주 보고 묻는다면 이래저래 한참 이야기해줄 수 있을 텐데 글로 설명하자니 갑자기 턱 막혀버린다. 그렇다면 대체 스반홀름이 어떤 곳인 줄 알고 여행을 결심했었나 하는 궁금증이 생겨 그 당시에 계획을 정리해둔 노트를 찾아 한 문장을 발견했다.

"스반홀름은 덴마크에서 35년간 생태, 경제 공동체를 유지해온 곳으로 지속가능한 삶을 고민하는 마을이다. 경제적으로는 월급의 80%를 마을에 내고 나머지로 개인 생활을 하며, 공동 경작을 하는 농산물과 개인의 수입을 이용하여 마을을 운영하고, 모두가 함께 모여 저녁을 먹는 곳이다."

친구가 보여준 《우리도 행복할 수 있을까》*라는 덴마크에 관련된 책에 있던 문장 몇 줄을 옮겨 적었던 것 같다. 공동체에 대한 구체적인 이해는 거의 없었다. 단지 공동체라는 미지의 영역을 경험해보고 싶었고, '지속가능한 삶'이라는 게 대체 무엇일지 몹시 궁금했다.

스반홀름 공동체 Svanholm Collective

덴마크 코펜하겐 근교에 위치한 이곳은 생태학적 관점을 기반으로 한 공동체로 약 백여 명의 구성원이 함께 모여 산다. 공동체의 모든 주요 논의 사항은 전원 합의로만 결정을 내리고, 공동경제로 운영된다. 충만한 삶에 대한 욕구로 만들어진 공동체임을 표방하며 서로의 다름을 인정하고 함께 공동체를 만들어나가는 시도를 하고 있다. 생태학적 관점에서 공동체 마을 근처에 유기농 농사를 지어 필요한 대부분의 채소를 생산하며,

---

* 《우리도 행복할 수 있을까》, 오연호 저, 오마이북, 2014.

소를 키워 유제품도 자급자족한다. 이뿐만 아니라 풍력발전과 태양광, 화목 보일러로 필요한 에너지를 사용한다.

미리 1월 말쯤 스반홀름에 메일을 보내 5월경에 게스트로 머무를 수 있는지 물어보았다. 스반홀름에는 공동체 구성원 외에 게스트들이 함께 사는데, 게스트로 머물기 위해서는 공동체에 있는 여러 워킹 그룹 중 한 곳에서 평일 하루 여섯 시간을 일하면 된다. 대부분의 게스트들은 농사 그룹과 공동체 내의 건물, 주변 시설 등을 관리하는 빌딩 그룹, 식사를 담당하는 키친 그룹에서 일한다. 스반홀름에 머물고 싶다면 먼저 게스트 관련 업무를 담당하는 게스트 그룹을 통해 방문을 원하는 기간에 워킹 그룹 자리가 있는지 확인해야 한다. 게스트로 머무르는 동안에는 거주할 공간이 주어지고 일하는 시간 외에는 자유 시간이다.

자기소개 메일을 쓰는 건 어려운 일이었다. 일단 다른 문화권의 사람에게 우리를 어떻게 설명해야 할지 고민됐다. 그걸 또 영어로 써야 한다니. 우리는 평소 농사에 관심이 많기 때문에 여러 워킹 그룹 중 농사 그룹에서 일하고 싶고, 서울에서 2년간 텃밭을 가꾸어보았다고 썼다. 본업에 대한 얘기와 왜 스반홀름에 가고 싶은지도 줄줄이 썼다. 답장은 하루 만에 왔지만, 우리가 가려는 기간엔 이미 농사 그룹에 자리가 하나밖에 안 남아 다른 그룹의 일정을 확인하고 다시 연락 주겠다고 했다. 결국 둘 중 한 명은 빌딩 그룹에서 일하기로 결정됐다.

독일 여행 중에 메일로 한 번 더 스반홀름 도착 일정을 확인하고 드디어 5월 11일 독일을 떠나 덴마크로 향했다.

베를린에서 출발해 하루가 꼬박 걸리는 긴 여행을 한 뒤 코펜하겐에 도착해 하룻밤을 보냈다. 다음 날 스반홀름 가는 방법을 적어둔 노트를 들고 중앙역 인포메이션에 가서 문의한 후 표를 끊었다. 덴마크 사람들이 대부분 영어를 잘 구사해서 의사소통에 문제는 없었지만, 영어와는 다른 덴마크어 지명을 어떻게 읽어야 할지 감이 전혀 오지 않았다. 역 주변에 쓰여 있는 모든 단어가 낯설었다.

스반홀름까지 가려면 코펜하겐 중앙역에서 S-train을 타고 종점인 프레데릭순(Frederikssund)까지 가서 230S 버스로 갈아탄 뒤 크로그스트룹 키르케(Krogstrup Kirke)에서 내려야 했다. 내린 곳에서 30여 분 정도 걸으면 도착할 거리에 마을이 있다. 버스에서 처음 내렸을 땐 아무것도 없는 길가에 교회 하나 달랑 서 있었다. 아니, 아무것도 없진 않았다. 사방에 초원이 있고 저 멀리 소들이 한가롭게 풀을 뜯고 있는 시골 풍경이었다. 두근두근 떨리는 마음으로 스반홀름에 전화를 걸었다. 10분쯤 기다렸을까. 스반홀름 마크가 그려진 트럭이 나타나 우리를 태웠다.

마을에 도착해 맨 먼저 우리가 지낼 숙소를 안내받고 짐을 들여놓았다. 숙소는 공동체의 메인 빌딩 안에 게스트들이 공용으로 사용하는 주방, 화장실, 욕실과 함께 있었다. 우리는 두 명이 사용하기에 제법 크기가 큰 방을 배정받았다. 다들 일하는 시간이라 아무도 없어 텅 빈 공간을 여기저기 소개받고 밖으로 나왔다. 공동체 사람들이 함께 모여 밥을 먹는 빅 키친과 음식 재료들이 있는 냉장고, 축사와 카페까지 돌아보고 숙소로 돌아왔다.

함께 살기 위한 상상력, 덴마크

스반홀름 메인 빌딩.
건물 안에는 공동 회의장과 주민 거주 공간, 게스트 숙소 등이 있다.

여유롭고 평화로운 저녁

 나는 농사 그룹, 신범은 시설을 보수하는 빌딩 그룹에 배정되었지만 농사 그룹 쪽 일손이 부족해 일주일은 같이 일하게 되었다. 그렇게 함께한 첫 출근. 매일 아침 농사 그룹 게스트들은 패킹홀이라는 이름의 창고에 모여 아침 인사를 하고 작업 계획을 확인한 뒤 들판으로 나간다. 다른 게스트들은 모두 자전거가 있어서 금세 떠나버렸지만 우리 둘은 아직 자전거를 빌리지 못해 며칠 일찍 온 다른 게스트 안나의 길 안내를 받아 한참을 걸어갔다. 5월에 수확할 작물은 봄이 제철인 아스파라거스. 우리의 첫 일이기도 했다.

 끝없는 긴 고랑이 펼쳐진 이곳은 덴마크의 대평원. 앞

수확한 아스파라거스.

앉았다 일어났다 하며 아스파라거스를 자르자 금방 허리와 허벅지가 땅긴다. 세 번째 밭에 다다르니 엉덩이까지 욱신거린다. 농사일을 해봤어야지. 몸에 근육이 많이 부족하다는 걸 새삼 느끼며 한숨을 쉬고 시계를 봤는데 시간은 아직 오전 아홉 시 반이었다.

아스파라거스를 수확한 뒤 하우스 작업을 했다. 마을을 둘러싼 숲길을 30여 분 걸어 하우스에 도착했다. 하우스 안에서 일할 토마토 팀과 하우스 밖에서 일할 허브 팀으로 나눠 작업했다. 신범과 나는 바깥 쪽 허브 정원에서 잡초를 뽑았다. 허브를 잡아먹을 듯 자란 토끼풀, 허브보다 높이 자란 민들레, 질경이랑 비슷하게 생긴 이름 모를 풀들. 이 모든 게 그저 제거 대상이었다! 게다가 이곳은 손작업할 때 사용하는 도구들이 거의 없어 풀을 그냥 손으로 잡아당겨 뽑아야 했다. 손가락 끝이 아리도록 땅을 파고 뿌리를 잡아 뽑으며 신범이 말했다. "호미 도입이 시급해!"

본격적으로 비가 오기 시작하면서 작업이 바뀌었다. 온실로 가서 바닥에 놓인 모종들을 정리해 선반에 올리고, 모종이 있던 자리를 파내 땅을 뒤집었다. 첫날부터 삽질을 원 없이 했다. 딱딱해진 땅을 부수고, 소똥도 가져다 섞었다. 둘이 함께해 정말 다행이었다. 신범의 소중함을 다시 한 번 느꼈다. 그렇게 첫날 작업이 끝나고 오후 세 시부터 저녁이 있는 삶이 시작되었다.

몸 쓰는 일을 해서 그런지 일이 끝나고 나면 참을 수 없이 배가 고팠다. 주방에 가서 요거트를 한 그릇 먹고 저녁 식사 시간이 되기만을 기다리다 다섯 시 반에 딱 맞춰 빅 키친으로 향했다. 저녁은 매주 수요일과 일요일에 있는 홈쿠킹 데이를 제외하고는 공동체 사람들이 함께 빅 키친에서 먹는데, 식사 준비는 한 달에 한 번씩, 저녁 설거지는 한 달에 두 번씩 모두 돌아가면서 한다. 식당에 비치된 달력에 원하는 날짜를 골라 이름을 적어놓으면 된다. 일상적인 가사 노동도 공동체 구성원들이 돌아가며 하도록 정해놓으니 모두가 자연스럽게 자기가 원하는 날에 나와서 일을 한다. 100인분의 식사를 준비하고 정리해야 하지만 한 달에 한두 번 정도 하는 건 힘들지 않은 수준이다.

만족스러운 저녁 메뉴들을 한껏 즐겼다. 고기가 메인 메뉴일 때에는 채식하는 사람들을 위해 채식 메뉴를 따로 소량 만들어둔다. 같이 식당에서 먹거나 음식을 가지고 방에 돌아가서 먹거나 모두 개인의 자유. 스반홀름 사람들의 얼굴은 아직 낯설었지만 함께 일하는 게스트들의 얼굴은 점점 익숙해졌다.

저녁을 먹고 나면 자연스레 공동 주방으로 향하게 된다. 다들 옹기종기 앉아 이야기하거나 무언가를 하고 있었다. 나는 아카네의 바나나 케이크 베이킹 과정을 지켜

공동 주방. 식사는 물론
게스트들끼리 친목을 다지는 장소이기도 하다.

보며 일기를 쓰고, 잡다한 일들을 처리했다.

스반홀름에선 밀가루나 설탕, 쌀과 오트밀 같은 식재료를 빅 키친 옆 창고에 구비해놓고, 공동체 구성원과 게스트 누구나 원하는 만큼 가져다 쓸 수 있게 했다. 우리나라 '밥'처럼 덴마크 사람들이 식사할 때 꼭 먹는 덴마크식 빵도 항상 떨어지지 않게 구워 냉장고에 보관했다. 또 다른 냉장고에는 이곳에서 생산된 우유와 요거트가 항상 놓여 있었다. 대부분의 식재료들은 스반홀름에서 친환경적으로 재배된 것으로 공동체에 살고 있는 사람들은 모두 원하는 만큼 건강하고 안전한 먹거리를 먹을 수 있었다. 재료도 시간도 넉넉하니 꼭 해보고 싶었던 쿠키 굽기에 마음껏 도전해볼 수 있었다.

세 시에 일이 끝나면 마을 이곳저곳을 둘러보기도 하고 숙소 앞쪽 버드나무에 걸려 있는 해먹에 누워 느긋하게 시간을 보내기도 했다. 두 달간 저녁이 있는 삶을 온몸으로 느껴보았다. 이곳에서는 평일에도 오후 네다섯 시면 부모들이 돌아와 아이들과 함께 시간을 보낸다. 사람들이 제일 많이 지나다니는 빅 키친 앞쪽 뜰에는 모래놀이터와 미끄럼틀, 트램펄린이 있고 해먹과 그네, 넓은 잔디밭이 있어 아이들이 뛰어놀기에 최고의 환경이었다. 마을 사람들 모두가 서로서로 알고 지내니 아이들도 편하게 어울리고, 불안해하거나 어른을 무서워하는 모습도 볼 수 없다. 햇살 좋은 날이면 홀딱 벗은 아이들이 잔디밭을 뛰어다니는 곳. 돌아다니는 닭을 안거나 고양이를 붙들고 놀아도 부모가 걱정하거나 혼내지 않는 곳. 가족이 함께 있는 게 일상인 곳. 이런 곳이라면 아이를 키워도 좋겠다는 마음이 들었다.

함께 살기 위한 상상력, 덴마크

나무로 만든 놀이기구들.
스반홀름의 자연 풍경과 잘 어울린다.

함께 노력하는
친환경적인 삶

스반홀름은 친환경 공동체면서 에너지 자립, 유기농 농사와 관련한 장기 미션들을 가지고 있지만, 실제 생활에선 그런 부분들이 눈에 많이 띄지 않았다. 사는 모습을 관찰해봐도 스반홀름 사람들은 식기세척기나 세탁기, 자동차도 사용하고, 난방이나 온수 사용도 충분히 하고 살았다. 남들이 먹는 걸 안 먹는 것 같지도 않아 보였다.

농사 그룹은 작업에 따라 마을에서 조금 멀리 있는 밭으로 가는 경우도 많기에 자전거가 필수다. 마을에서 사용하는 자전거는 게스트 누구나 자전거 공방에서 보증금을 내고 빌릴 수 있다. 자전거 공방을 담당하는 예스 할아버지에게 이야기하면 창고에 쌓여 있는 중고 자전거 중에 각자의 실력과 요구 사항에 맞는 걸로 골라 정비해서 빌려준다. 돌아갈 때 반납하고 보증금을 돌려받으면 끝! 비용이 들지 않을뿐더러 사용하는 동안 고장이 나면 언제든 자전거 공방에 가져가 수리를 받을 수 있다.

이곳에서 사는 동안 자전거를 타고 어디든 잘 다니곤 했는데, 덴마크 사람들이 자전거에 매우 능숙한 것처럼 스반홀름 주민들도 대부분 자전거를 잘 탔다. 그들은 가까운 거리엔 당연히 개인 자전거를 이용했고, 먼 거리엔 대중교통을 이용하거나 공동체 소유의 전기 자전거나 자동차를 빌렸다. 공동으로 사용하는 자동차와 전기 자전거는 여러 대가 있는데, 공유 게시판에 등록되어 있어서 필요한 사람은 원하는 시간에 예약이 되어 있는지 확인하고 사용하도록 시스템이 되어 있었다. 게스트들은 이용할 수 없었지만 스반홀름 주민들은 누구나 이용할 수 있었다. 자동차를 대여할 땐 비용이 들지 않지만 가솔린은 사용자가 비용을 지불해야 한다. 현재 스반홀름에서 자급자족하지 못하는 에너지는 가솔린뿐이라며 앞으로는 스반홀름에서 생산하는 전기를 이용해 전기 자동차를 사용할 계획이라고 했다.

어디든 자전거를 타고서 이동한다.

알고 보니 스반홀름에선 남들처럼 평범하게 살아도 친환경적으로 살 수 있었다. 전기를 사용하고 난방을 해도 환경에 피해를 주지 않는다. 스반홀름은 공동체의 대지에서 풍력 발전으로 생산된 전기를 사용하고, 숲의 간벌목을 이용해 난방을 하고, 태양열을 이용해 온수를 사용하기 때문이다. 시스템 자체를 친환경적으로 구성해 개인이 철학이나 신념으로 무언가를 참고 줄이는 게 아니라, 여럿이 함께 방향성을 설정하고 시스템을 구축해 자연스럽게 신념을 지키며 나아가는 느낌이었다.

마을 사람들과 만나 대화해보니 공동체에서 살고자 하는 이유도, 이곳에서 가꿔가는 삶의 형태도 다양했다. 아이를 키우기 좋아서 스반홀름을 선택한 젊은 부부들도 있고, 공동체 내부에서 일을 하는 사람도 있는가 하면 아침저녁 코펜하겐으로 출퇴근을 하며 공동체 외부에서 일하는 사람도 있었다. 오래된 구성원 중에는 게스트로 몇 번 들렀다가 아예 정착하게 된 사람도 있다고 한다. 나이가 많으신 분들도 있고 혼자 사는 분들도 있다. 어떤 이유에서건 스반홀름 주민들은 이곳에 살고 있는 것만으로도 친환경적이고 에너지 자립적인 삶의 방식을 지

총 두 대의 풍력발전기가 생산하는 전기는
스반홀름에서 사용하는 양을 충당하고도 남는다.

속할 수 있는 것이다.

  하지만 이곳은 공동경제와 만장일치의 원칙이 있어 서로 소통이 충분히 가능해야 한다. 그렇기 때문에 덴마크어가 가능한 사람만 구성원으로 받는다고 한다. 만장일치로 의견이 모아질 때까지 충분히 이야기를 나누어 결정하는 문화라니. 상상 불가능하다.

  개인 소득의 40%는 세금으로, 40%는 공동체에 쓰이고 나머지 20%만을 가지고 살아가는 삶이지만 사회와 공동체를 통해 삶의 기반이 마련되어 있으니 불편해 보이지 않았다.

  개인의 욕구 충족이 당연하게 여겨지는 현재. 자신이 원하는 바가 무엇인지 정확히 알고, 이를 충분히 채우기 위해 소비하는 사람이 현명하다고 여겨지는 사회다. 소비가 미덕인 사회에서 사회적 가치나 신념을 지키기 위해 개인의 욕구를 자제하거나 조절하는 건 불가능한 일처럼 혹은 가치 없는 일처럼 여겨진다. 조금의 양보와 자제를 다들 일상적인 일로 받아들일 수 있었으면 좋겠다는 바람도 있지만, 한 개인이 언제까지고 자신의 욕구를 참을 수도 없다고 생각한다. 그렇기에 욕구를 충족하는 방식 자체가 사회나 환경에 부담을 주지 않는 방식으로 구조화되어 있는 스반홀름의 모습은 개인의 노력에만 책임을 부여하는 우리의 현실에 다른 가능성을 보여주는 것 같았다.

나는 여기 왜 온 걸까

안 하던 일을 하니 아침마다 손목이 엄청 쑤시고 아프다. 하지만 아침 여섯 시 반이면 눈이 떠지고 하루하루를 견디기 위해 귀찮아도 아침마다 요가나 스트레칭을 했다. 체력의 중요성을 절감하게 되었다.

패킹홀 뒤편 들판에 허브를 심었다. 이곳에도 역시나 끝없는 덴마크의 평원이 펼쳐져 있었다. 따뜻한 햇살 속에서 작업했다. 직접 모종을 낸 모판은 분리되어 있지도 않아서 손으로 덩어리를 떼내어 심어야 했다. 오늘 심을 허브는 동글동글한 잎사귀의 타임. 각자 한 줄씩 맡아서 두 뼘마다 한 줌씩 심었는데 한 판 심고 일어나 뒤를 돌아보니 줄마다 각자 심은 간격이 다 다르다. 이건 나만 신경 쓰이는 걸까?

게스트 친구들과 숲속에서 함께 요가했던 날.

비 내리던 오후, 비닐하우스에 심고 남은 토마토 모종을 종류별로 정리하고, 그중 몇 가지를 온실 밖으로 옮겼다. 바퀴가 달린 선반에서 모종판을 옮기다가 손을 부딪혔다. 모두 놀라며 부엌에 가서 얼음 찜질을 하고 쉬라고 하는데 나도 모르게 괜찮다는 말이 먼저 나왔다. 엄청 아프진 않았지만 부딪히면서 살짝 긁혀 상처가 생겼다. 다들 쉬라는데도 왜 맘 편히 쉴 수가 없는지. 온 지도 얼마 안 된 사람이 가지가지로 다친다고 그럴까 봐 걱정되기도 하고 이유는 모르겠지만 그냥 참고 일하는 게 마음이 편했다.

모종을 다 나르고 비닐하우스 안에서 다시 토마토에 줄을 묶는 작업을 했다. 한참 하다 보니 해가 쨍쨍 나서 하우스 안이 사우나같이 더워졌다. 다른 친구들은 온실 바깥에서 잡초 뽑는 일을 하겠다고 나가버리고 혼자 남아 하우스 작업을 마저 했다. 일 끝날 시간이 되어 혼자 창고로 돌아가 작업복을 놓고 방으로 돌아왔다.

뭔가 제공받는 숙식값만큼은 하고 있다는 만족감, 슬렁슬렁 일하는 다른 이들에 비해 이만큼이나 열심히 하고 있다는 자부심, 주어진 룰에 맞춰 잘하고 있다는 당당

밤 열 시가 다 돼서야 해가 진다.

함. 지금 생각해보면 당시의 나는 자각하진 못했지만 그런 것들을 느끼고 있었다. 언제나 쓸모 있다고 인정받는 사람이 되기 위해 열심히 살았던 나는 여행을 와서도 그저 열심히 살고 있었다.

—

다음 날 또 하루가 시작되었다. 아스파라거스를 수확하고 양파 모종을 심은 어제와 똑같은 하루. 갑자기 내가 왜 여기 와 있지 하는 의문이 들었다. 무엇을 얻고자, 무엇을 배우고자 여기에 와 있나. SNS로 친구들의 소식을 보니 한국에도 재미있어 보이는 일들, 함께 하고 싶은 일들이 잔뜩 있는데 난 왜 그 사람들을, 그 시간들을 떠나 이곳에서 무얼 위해 무얼 하고 있는 건지! 어쩌면 그냥 함께 살아가는 법을 배우기 위해 이곳에 왔는지도 모르지만 눈에 보이는 성과라고 해야 할까, 이곳에서 배워 얻어가는 구체적인 무언가가 늘지 않는다고 느껴지니 다급한 마음만 커져갔다. 사람들과 나눈 이야기를 기록하고, 매일 일기를 쓰면서 어떻게든 무언가 남기려 용을 쓰기도 했지만, 결국엔 이방인일 수밖에 없는 위치 때문에 마음이 힘들었다. 답답한 마음에 일기장을 펴놓고 '나는 덴마크에서 무엇이 하고 싶은가?'라고 써보았다. 대답은 '스반홀름을 경험하고 싶어서'였다. 그러고 나니 스반홀름을 경험한다는 건 무엇일까? 사람들은 왜 공동체를 원하는 걸까? 공동체는 도대체 어떻게 운영되는 걸까? 공동체에서 게스트들의 역할은 무엇일까? 하는 질문이 줄줄이 쏟아져 나왔다. 아무래도 스반홀름 주민들에게 말을 걸어봐야겠다고 다짐했다.

—

스반홀름엔 항상 적지 않은 수의 게스트가 머물지만 결국 몇 달 안에 모두 이곳을 떠나게 된다. 오랫동안 그래왔기 때문인지 북유럽 사람들의 특징인 건지 대부분의 스반홀름 주민들은 게스트들에게 크게 관심 갖지 않았다. 공동 주방에 게스트의 이름과 사진, 자기소개가 붙어 있지만, 말을 걸어주는 경우는 많지 않고 업무 시간 외에는 게스트들이 적극적으로 다가가지 않으면 대화를 나눌 일이 거의 없었다. 그중 유독 게스트에게 말을 많이 걸어주셨던 보 할아버지네 집에 게스트 전원이 티타임 초대를 받았다. 보 할아버지네는 마을 중심에서 조금 떨어져 있어 모두 모여서 자전거를 타고 길을 나섰다.

190년 정도 되었다는 할아버지네 집은 크진 않았지만 아늑해 보였고, 정원이 아름답게 가꿔져 있었다. 할아버지가 정원에 있는 나무를 한 그루씩 소개해주시고 난 뒤 유리온실에 둘러앉아 차를 마시며 유럽의 여러 제도들과 스반홀름에 대해 이야기를 나눴다. 스반홀름은 생태적인 삶을 살고자 했던 두 사람이 낸 신문광고에서 시작했는데 이를 보고 250여 명의 사람들이 모였다고 한다.

이후 한 달에 한 번씩 정기적으로 모여 스반홀름을 만들기 위해 준비했다고 한다. 당시 할아버지는 농부 수업을 받고 있었는데 덴마크에서는 농부가 아니면 농지를 살 수가 없어 멤버들 중 농부들이 매우 중요한 존재였다고 한다. 공동체가 대출을 받아 땅을 구입한 것도 당시에는 매우 드문 경우였다고.

보 할아버지와 스반홀름에 대해 이런저런 이야기를 나누고 숙소로 돌아왔다. 여럿이 줄지어 자전거를 타고 오가던 시간들도 꽤 재미있었다. 다른 사람 집에 초대받아 가는 일이 익숙지 않아 어떻게 예의 바르게 행동해야 할지 고민도 많이 했지만 스반홀름 주민에게 스반홀름의 역사 이야기를 들었다는 것, 새로운 공간과 사람을 만났다는 것 또한 재미있는 경험이었다.

―

어느 하루는 게스트들 모두 폴린과 산드라의 집에 초대받았다. 스반홀름 초기부터 함께해온 폴린의 이야기를 들으며 그녀의 옛 앨범을 돌려 보았다.

초기의 스반홀름은 큰 그룹으로 나뉘어 일했으며 이웃끼리 많은 걸 공유했고, 가족 단위로 따로 분리되어 있기보단 서로 함께 그룹을 이루어 살았다고 한다. 시스템도 공유에 집중되어 있어 모두가 경제적으로 비슷한 수준의 삶을 살았다. 지금도 여전히 스반홀름 밖에서보다는 많이 나누며 살고 있지만 공동체 내부에서의 생활 차이는 예전보다 커졌다고 했다. 이러한 공동체의 인식 변화에는 사회가 개인 중심적으로 변한 탓도 있을 것이고, 사회 전체에 소비주의가 팽배해진 영향도 있을 것이다. 전체 모임에서도 '나에겐 무엇이 필요해'라는 식의 의견이 늘어났다고 한다. 지금의 우리는 소유가 개인의 당연한 권리라고 생각하지만 예전에는 공동체에 뭐가 필요할까를 고민하는 식이었다는 폴린의 말에 게스트들은 생각이 많아진 얼굴을 했다. 그러자 폴린은 웃으며 그래도 자신은 스반홀름에서 살 거라며 이야기를 마무리했다.

덴마크에 있는 다른 공동체에 대해서도 이야기를 나누었다. 어떤 공동체는 스반홀름과 비슷한 생각을 가지고 운영되고 있었고, 또 다른 공동체는 좀 더 느슨한 형태로 존재하기도 하는 등 다양한 형태의 공동체가 여기저기에서 운영되고 있었다. 일본인 친구 중 한 명이 스반홀름이 덴마크에서 가장 성공한 공동체냐고 묻자 폴린은 아마도 그럴 것이라고 했다. 대답과 동시에 그는 '최근에 일본인과 한국인들이 왜 스반홀름에 관심이 많아졌을까?'라는 질문을 던졌다. 한 일본인 친구는 일본 사회가 전반적으로 커뮤니티나 농업에 관심이 별로 없기 때문인 것 같다고 대답했고, 후쿠시마 사태 이후로 젊은이들의 생각이 많이 변화했기 때문이라는 의견도 있었다. 나 또한 아마도 과도한 스트레스와 경쟁이 심한 사회 분위기 때문일 거라고 대답했다.

폴린이 이야기해준 스반홀름에서 진행하는 여러 프로젝트들은 공동 주방에 있는 큰 다이어그램에 적혀 있는 내용이라고 했다. 덴마크어로 되어 있는 그 표에는 스반홀름이 가지고 있는 비전과 미래 계획, 아이디어들이 적혀 있어 구성원들이 함께 공유할 수 있도록 게시되어 있다고 했다. 앞으로 진행될 프로젝트는 풍력발전기를 추가하고, 가솔린 대신 자가 생산한 전기를 사용할 수 있도록 전기 자동차를 구입하는 것이라고 한다. 이 프로젝트가 진행되면 스반홀름은 에너지 자립에 한 발 더 다가서는 셈이다.

또 스반홀름에는 다양한 연령대의 사람들이 함께 살고 있다는 폴린의 말에 한 친구가 20대 젊은이들이 없지 않느냐고 물었다. 생각해보니 지내는 동안 20대 주민들은 거의 만날 수 없었다. 그 부분을 게스트들이 채우고 있다고 생각한다는 말에 게스트들이 노동력뿐 아니라 세대 구성적 측면에서도 역할을 하고 있구나 하는 생각이 들었다.

몇 차례 사람들과 함께 이야기를 나누며 용기를 얻었으니 우리 팀의 보스인 '마'에게 궁금한 걸 물어보기로 했다. 저녁 시간을 기다렸다가 그녀와 같은 테이블에 앉았다. 언제 어떻게 이곳에 오게 되었냐는 질문부터 시작

스반홀름 공동체의 비전. 계속해서 점검하고 합의해 발전시키고 있다.

했다. 내가 궁금했던 점은 사회보장제도가 잘 되어 있는 덴마크에서 사람들이 굳이 공동체를 선택하는 이유였다. 그녀는 농부가 되고 싶었지만 대형농 위주의 유럽에서 농부가 된다는 건 하루 종일 혼자 기계를 운전해 농사를 지어야 하는 외로운 삶을 살게 되는 것이라 여럿이 함께 일할 수 있는 곳을 찾아 스반홀름에 오게 되었다고 했다. 집에 가족만 있으면 일 끝나고 매일 같은 사람들 얼굴만 봐야 하지만, 여기선 다양한 사람들을 만날 수 있다는 그녀의 말에 웃음이 나왔다.

여행을 떠나기 전 유럽에 있는 공동체에 가기로 결정하고 이것저것 알아보면서 한국에도 여러 공동체가 있다는 걸 알게 되었다. 그럼에도 유럽에서 이를 먼저 경험해보기로 한 건 내가 한국 사회나 한국 사람에게 갖는 고정관념, 한국의 시골 문화에 대한 편견 때문이었다. 당연한 것을 당연하게 여기지 않기 위해 판단의 기준이 되어줄 첫 경험을 좀 더 색다른 곳에서 하고 싶었다.

최근 몇 년간 내가 주로 만난 사람들은 청년들이었다. 첫 직장을 다닐 땐 주로 직장에 다니고, 차를 사고, 집을 사고, 결혼을 하고, 아이를 낳고, 부모님과 아이 양육을 고민하는 그런 사람들을 만나왔었다. 그러나 사회적경제 관련 일을 하게 되면서부터 만난 친구들은 돈은 없어도 재능과 즐거움이 넘치는 청년들이었다. 조금은 덜 벌어도 자기가 하고 싶은 일을 하려는 사람, 세상에 의미 있는 일을 했으면 하는 바람들을 지난 몇 년간 많이 만나왔다. 그런 친구들은 TV에 나오는 일반적이고 대다수가 사는 삶이 아닌 다른 삶을 살게 되고 자연스럽게 서로를 이해할 수 있는 그들만의 네트워크를 만들게 되고는 했다. 그런 과정을 지켜보면서 나는 한국에도 네트워크를 만들고, 공동체를 꿈꾸는 사람들이 있지만 그것이 삶의 방식에 대한 이해를 넘어 미래에 대한 불안, 사회에 대한 불신, 안정 추구 때문에 나타나는 것으로, 사적으로 나의 안전망을 만들려는 욕구가 공동체로 발현되는 부분이 있다고 생각했다. 사회에서 으레 요구하는 평범한 삶이 아닌 조금 다른 길을 선택하면 건강보험, 실업급여, 국민연금 등 공공의 혜택을 받을 수 없기 때문이다.

　이런 생각을 마에게 이야기했더니 공동체를 선택하는 건 '안전'의 문제가 아니라 '생활 방식', 혹은 '신념'의 문제라고 딱 잘라 말했다. 어쩌면 덴마크에선 어떤 일을 하건 간에 생계나 노후가 어느 정도 보장되어 있기 때문에 이렇게 단정적으로 말할 수 있는 게 아닐까? 그렇다면 왜 공동체에 관심 있는 사람들이 여기를 찾아오게 되는 걸까 하고 물었더니 오히려 나에게 대뜸 직접 공동체를 만들어보라고 이야기했다. 공동체를 만들고 꾸려나가는 건 어렵지만 일단 농사를 지어 자급자족하면 공동체를 유지할 수 있기 때문에 공동체를 만들려면 먼저 땅과 농부가 필요하다고 했다. 스반홀름은 신문에 기사를 내서 시작했으니 나에게는 SNS에 올려보면 분명히 관심 있어 하는 사람들이 있을 거라고 이야기해줬다. 아무렇지 않게 권하는 말에 마음이 들뜨긴 했으나 정신을 차린 뒤 우리에겐 땅을 살 만한 돈이 없다고 소심하게 대꾸해주었다.

마을 스반홀름도 처음엔 사람들이 가진 걸 모두 팔고 대출을 받아서 돈을 마련했다고 하면서 '여럿이 함께하는 게' 매우 중요하다고 강조했다. 둘이 있을 땐 싸워버리고 나면 다 끝나지만 여럿이면 상황을 좀 미뤄둘 수도 있고, 여럿이라고 해도 모두와 다 친구가 될 필요도 없다고 했다. 그녀도 스반홀름 안에서 자주 이야기하는 사람은 그다지 많지 않고 몇몇과는 짧은 대화만 나눌 뿐이라고 했다.

한국에서는 농사로 돈 벌기가 힘든데 덴마크는 어떠한지, 스반홀름은 그 문제를 어떻게 해결하는지 묻자 역시 여럿이 함께하면 힘든 상황도 함께 생각하고 해결해나갈 수 있다면서 한국 사람들에게 이곳을 알려주고 사진을 찍어서 보여주라고 조언해주었다.

마의 딸인 소피의 이야기도 기억에 남는다. 도시에서 대학을 다니는 소피는 시간이 날 때마다 스반홀름에 와 있는지, 몇 안 되는 20대 스반홀름 주민들 중 가장 얼굴이 익숙한 사람이었다. 그녀는 도시에 살 땐 친구들과 만나 어디를 가려고 해도 다 돈이 들기 때문에 항상 예산이 얼마인지 생각해야 하는데, 스반홀름에서는 언제나 공짜로 밥을 먹을 수 있고, 돈을 들이지 않고도 아무 데나 갈 수 있어 좋다고 했다. 또 도시에서는 어디를 가도 주변에 자연이랄 게 없는데 스반홀름에선 조금만 걸으면 숲이고 들판이라 좋다고도 했다.

덴마크와 스반홀름 그리고 공동체에 대해 알고 싶다는 생각으로 여기에 오게 되었지만 오전 여섯 시 기상, 여섯 시간 작업, 여유로운 저녁 시간을 보내며 지내는 일상은 너무도 순식간에 지나가버렸다.

함께 살기 위한 상상력, 덴마크

평화로운 스반홀름의 풍경.

Kind people, Peaceful mood, Nice food. 스반홀름에서 만난 다른 게스트가 스반홀름을 표현한 말이다. 정말 그랬다. 무엇을 물어봐도 친절하게 대답해주는 사람들. 혹자는 종교적인 것 같다고도 말할 만큼 평화로운 분위기와 아무리 일해도 절대 살이 빠지지 않는 맛있는 음식. 눈에 뚜렷이 보이던 건 이 정도였을까? 이상과 현실 사이를 촘촘히 엮어주는 장기적인 계획, 합리적 개인이 여럿 만나 만장일치가 될 때까지 논의하는 공동체의 모습은 일상 안에 녹아 있어 눈에는 잘 보이지 않았는지도 모르겠다.

스반홀름에서 지냈던 대부분의 시간은 그냥 일상이었다. 그래도 지금 생각해보면 하나는 확실하게 배운 것 같다. 세상 어딘가에는 '남'과 함께 살아가기 위해 노력하는 사람들이 있고, 그곳의 문은 항상 열려 있다는 것.

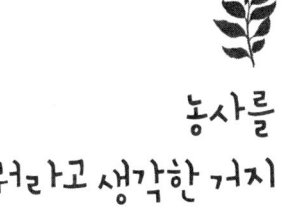

농사를
뭐라고 생각한 거지

덴마크는 꽤 유명한 농업 국가다. 전후 황폐해진 나라 경제를 농업으로 부흥시켰다는 점에서 우리나라 새마을 운동과 비교되기도 하는 곳이다. 그러나 우리나라 농업과 다른 점은 덴마크 국토의 대부분은 평지고, 기계를 사용해 작업하는 엄청 큰 대형농이라는 것이다. 이러한 덴마크의 농업 환경 안에서 스반홀름은 유기농 농사를 짓고 있다. 처음 스반홀름이 만들어지고 농사를 짓기 시작했을 땐 덴마크에 유기농이라는 개념조차 거의 없었다고 한다. 처음에는 화학 제초제 등의 독성 물질을 사용하지 않는 농업이라고 명명했다가 일반 농가에서 부정적인 반응을 보여 유기농이라는 단어를 사용하게 되었다. 초기엔 오로지 공동체 사람들끼리 먹기 위해 농사를 지었지만 지금은 유기농산물 보급을 위해 여러 소비자 모임 그리고 대형마트와도 직거래한다.

스반홀름에 가게 된 게 공동체 생활에 대한 관심 때문만은 아니었다. 농사를 지으며 사는 삶은 어떨지 궁금하기도 했다.

천 평의 아스파라거스와 이천 평의 양파, 삼천 평의 호박 밭. 똑같은 작물이 줄지어 자라는 풍경은 인공적이지만 규모가 어느 정도 넘어서니 아름답기까지 하다. 농사를 생각하면 자연스레 떠오르는 풍경이다. 잡초 없이 깨끗한 들판과 줄지어 서 있는 작물들. 질서정연하고 깔끔한 밭은 보기에는 아름답지만, 그 너른 밭에서 손으로 잡초를 뽑고, 똑같은 모종을 심기 위해 며칠을 같은 일만 반복하는 건 내 상상 속에 없던 일이었다. 농부가 되고 싶었지만 표면이 갈라진 래디쉬와 콜라비를 들판에 버리고, 납품량을 맞추기 위해 시금치 30박스를 찬물에 쉬지도 않고 씻고 있는 나의 모습은 꿈꾸던 농사의 낭만과 거리가 멀었다. 이런저런 작물을 키우며 머리 아프게 들판을 구획하고 파종과 수확 시기를 계산해 주문을 받고 출하하는 일들은 전혀 예상치 못했던 농사의 과정들이었다.

함께 살기 위한 상상력, 덴마크

드넓은 양파 밭과 끝이 보이지 않는 양배추 밭.

버려지는 작물들이 너무 아까웠다. 갈라진 래디쉬를 가져다가 물김치를 담갔다. 충분히 맛있었다. 미즈나*를 수확할 때 꽃이 핀 작물은 수확하지 않는 걸 보고 한나에게 이유를 물어보았다. 꽃이 피면 질기고 맛이 쓰다고 했다. 버려진 미즈나를 가져다가 전골을 만들어 먹었다. 버려진 콜라비는 뭔가 쓰임새가 있을 것 같아 일단 가져왔다. 갈라진 부분을 도려내고, 남은 부분을 잘라 깍두기를 만드니 맛있게 먹을 수 있었다. 그러나 상업농에겐 엄청난 양의 상품성 있는 작물을 공급하는 과정에서 버려지는 소량의 작물들은 어쩔 수 없다는 걸 더욱 확실히 알게 되었다.

드넓은 들판에 심어놓은 호박 모종을 바람이나 동물로부터 보호하기 위해 전부 그물로 덮는다. 모종이 자라면 한 번씩 그물을 치우고 손으로 일일이 잡초를 뽑는다. 같은 작업을 여러 번 하고 나면 당연히 기계나 다른 전능한 무언가의 손을 빌리고 싶어질 것이다. 크기가 작은 밭은

* 경수채라고도 부른다. 십자화과의 새싹채소로, 물과 흙만으로 재배할 수 있다.

사람의 손으로 처리할 수 있지만 그것이 천 평, 만 평이 되면 기계의 힘을 빌리지 않고서는 일을 다할 수 없다는 걸 몸으로 느꼈다. 평소 제초제와 농약, 비닐과 기계를 사용하는 데 거부감을 가지고 있었지만 이곳의 농사 과정을 보며 단순히 선과 악으로 규정지을 문제는 아니겠다는 생각이 들었다. 농사를 짓기 위해 트랙터를 사용하고, 비닐하우스와 스프링클러를 사용하는 게 어찌 보면 당연한 지금의 대형농 시대가 나는 너무나 어색하다. 수많은 사람을 먹이기 위해 대량의 농산물을 생산하고, 그러려면 기계를 사용해야 하는 게 너무나 당연한 논리인데도. '아니, 그렇다면 수많은 사람들이 왜 적은 수의 농부들에게 의존해 사는가?' 하는 의문이 생겼다.

하루는 비닐하우스에서 토마토를 지지대에 묶는 일을 했다. 비닐 끈을 토마토 줄기에 묶고 천장의 지지대에 묶어주는 작업이었는데 여럿이 일을 나누어 진행했다. 나는 비닐 끈을 같은 길이로 자르는 일을 했다. 작업 도중에 끈이 자꾸 얽히고 비벼지니 비닐 가루가 엄청 날렸다. 그 가루들이 손에 묻어 따끔거렸다. 옷에도 잔뜩 묻어 털어도 잘 떨어지지 않아 문득 무서워졌다. '이런 플라스틱 가루들이 흙에, 작물에 섞여 내 몸에 들어오는 건 아

무 문제가 없을까?'

자른 끈을 정리하려고 바닥에 길게 내려놓으니 함께 일하던 리사가 끈에 흙이 묻지 않도록 주의해달라고 했다. 작물이 병들지 않도록 작물이 닿는 끈에 흙이 묻으면 안 된다는데 도대체 무엇이 무엇에 묻지 않아야 하는지 의문이 생겼다.

비닐하우스에서 토마토를 묶어 관리하는 방식은 한국과 비슷했다. 비닐하우스 안에는 길게 줄지어 토마토가 자라고 있었다. 토마토는 각자 지지대에 연결된 줄에 기대어 점점 자라나는 열매의 무게를 지탱할 것이다. 가을이 되어 수확이 끝나고 온실을 청소할 때 지지대에 묶은 끈을 당기면 매듭이 한 번에 풀어지도록 마가 가르쳐준 매듭으로 꼭 묶어야 했다. 아니면 한두 개의 끈 때문에 사다리를 가져와야 할 테니까. 가을에 매듭을 풀면서 안 풀어지면 누가 묶었는지 이야기라도 하려나. 만나지 못할 이곳의 가을을 잠깐 생각해보았다.

스반홀름에서 처음 접해본 기계가 두 가지 있다. 플랜팅 머신과 위딩 머신. 불행인지 다행인지 스반홀름의 기계들은 최신식이 아니라 사람의 손이 많이 필요한 인간적인(?) 기계였다. 플랜팅 머신은 우리말로 하면 모종 심는 기계인데, 트랙터 뒤에 연결해 사람이 앉아 손으로 모종을 넣어야 하는 기계다. 세 명이 나란히 앉아 흙 위를 구르는 고무바퀴에 간격을 맞춰 모종을 넣으면 모종이 땅에 심긴다. 혹시라도 타이밍을 놓치면 한 줄이 끝난 후에 몇 개의 모종을 가지고 다시 가서 빈 구멍을 채웠다.

위딩머신은 잡초를 제거해주는 정말 신개념의 기계였다. 어느 날 아침, 오늘의 작업은 당근 밭 잡초 제거라는 말을 듣고 이동했는데 흰색 천막으로 덮인 수레 같은 게 보였다. '이게 그 말로만 듣던 위딩 머신이구나!' 하며 모두 자리에 착석했다. 일을 하기 전까지는 어떤 기계일지 기대를 많이 했다. 그런데 트랙터가 기계를 끌고 가면 그 안에 사람들이 엎드려 앞으로 끌려가면서 눈앞에 있는 잡초를 뽑는 아주 기본적인 기계, 아니 수레였다. 덕분에 살아 있는 기계 부품이 되어 일하는 경험을 할 수 있었다. 기계 부속품처럼 취급받는 삶이 싫어 박차고 여행을 왔는데 진짜 기계의 일부분이 되었다고 웃으며 얘기했지만 마음이 편치 않았다.

처음엔 작업 속도나 방식을 내가 컨트롤할 수 없고 기계에 끌려다녀야 한다는 게 무척이나 마음에 안 들었다. 함께 위딩 머신을 탄 친구와 불만을 이야기하고 있었는데 작업이 끝난 뒤 한느가 위딩 머신을 이용하는 게 괜찮았느냐고 물어 왔다. 이게 왜 싫은지 이야기할 수 있는 시간을 준다는 게 좋았다. 그들 생각엔 일은 일일뿐이고, 잡초를 처리하기 위해서는 필요한 작업이니 해야 한다는 답을 듣게 되었지만 어찌 되었든 지금 잡초 제거가 이곳에 시급한 일이고, 한느는 그것을 위해 최선의 방법을 선택했다는 점에 수긍할 수 있었다. 한국이었다면 '배부른 소리한다. 그만둬!'라는 말을 들었을까? 내가 없어도, 누가 있어도 굴러갈 농장 일이지만 그 안에서 서로 관계를 맺어가는 방식은 모두 다를 것이다. 의견을 가질 수 없는 일꾼이 아니라 대등하게 생각을 이야기하고 이해받을 수 있다는 점이 주는 만족감이 꽤 컸다. 우리가 대형농을 떠올릴 때 그려지는 소수의 계획하는 농부와 단

함께 살기 위한 상상력, 덴마크

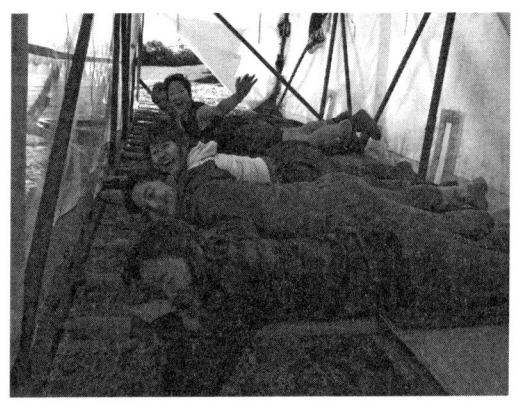

위딩 머신에 엎드려 잡초를 뽑는 모습.

순히 일만 수행하는 일꾼들의 모습에서 벗어나 모두가 함께 고민하고 대등하게 의견을 논의할 수 있는 그림도 가능하지 않을까 하는 생각을 해보았다.

감자를 심었던 밭에 양파를 심었다. 잡초를 뽑는데 양파 옆에 감자가 있다. 감자는 잡초일까? 맞다. 양파를 수확하기 위해 농사짓는 사람에게 감자는 뽑아버려야 할 잡초일 뿐이다. 무엇이 옳고 그르다 말할 수는 없지만, 적어도 우리 밭의 잡초는 무엇인지 고민해볼 수 있는 규모의 농사를 짓자고 결심했다.

우리는 이후 영국으로 건너가 대형 상업농보다는 작물과 땅에 좀 더 집중할 수 있는 가족농이나 작은 농장을 경험해보기로 했다.

마지막 작업하는 날 트랙터 위에 걸터앉아.

3장
우리의 오래된 미래를 만나다,
영국

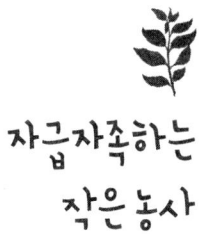

자급자족하는 작은 농사

서울에 살며 텃밭을 가꾸던 3년간의 이야기를 해보고 싶다.

먼저 1년차. 옥상 텃밭을 가꾸기 시작했다.

옥상 텃밭에 상추와 고추 모종 몇 개, 케일도 하나 심었다. 사무실로 텃밭용 흙 10kg을 주문해 지하철을 타고 집까지 이를 악물고 들고 왔던 아득한 기억이 있다. 상추와 고추를 종종 따먹으며 즐겁게 여름을 맞이했지만 엘리베이터 없이 옥상에 가는 게 왜 이리 힘들던지. 너무 더운 탓이었다. A4 종이만 한 그로우백 두어 개가 전부인 우리 옥상 텃밭 옆 5층 아저씨네 욕조 텃밭엔 탐스러운 고추가 주렁주렁 달렸었다.

2년차. 텃밭을 늘리자.

동네를 돌며 주운 스티로폼 박스에 흙을 채웠다. 텃밭용 흙을 더 사서 쌈 채소 옆에 토종 옥수수를 심을 상자도 마련했다. 옥수수를 기르려면 비료가 많이 필요한지도 몰랐다. 결국 가을 수확은 아기 주먹만 한 옥수수 하나뿐이었다. 맛이 어떤지 알아야 다음에 더 열심히 키우지 싶어 씨앗을 남기자는 신범을 설득해 먹어보았다. 그렇게 맛본 찰옥수수는 쫄깃하고 달콤해서 다음에 꼭 더 심어보자고 다짐했다.

신범은 동아리 후배들과 노들섬에 텃밭 농사를 시작했다. 나도 가끔 따라가서 수확한 작물을 챙겨 오는 재미에 텃밭을 좋아하게 되었다. 고구마 캐던 날 흙을 파면 딸려 나오는 고구마 덩이덩이에 우리 모두 어찌나 흥분했던지!

3년차. 본격 노들 텃밭을 경작하자.

지난해 텃밭 멤버들과 함께 다시 텃밭을 분양받았다. 시청에서 하는 경작자 오리엔테이션을 듣는 것으로 일 년간의 텃밭 활동 시작. 각자 좋아하는 작물들을 고르고 그중 무엇을 심을지 결정한 뒤 날을 잡아 씨앗과 모종을 사러 다녔다. 볕 좋은 봄날 다들 모여 밭을 갈아 씨를 뿌리고 모종을 심었다. 열 평밖에 안 되는 텃밭이었지만 남들 다 하는 상추, 겨자채 같은 쌈 채소와 바질, 카모마일, 루콜라 같은 허브도 심고, 토마토, 감자, 고추, 딸기, 수박, 고구마도 심었다. 봄날 잎채소들은 여럿이 나눌 만큼 쑥쑥 자랐고, 허브들은 부지런한 이의 손에 거두어져 차로 만들어졌다. 주말마다 모여 밭을 매고 텃밭 옆 정자에서 막걸리를 나누던 여름. 딸기는 다섯 알쯤 달렸었나. 고추는 너무 매웠고 방울토마토는 풍성했다.

가을에는 김장 농사라고 배추도 심고 쪽파와 무도 심었다. 솎아내기를 잘 못해 한 구멍에서 손가락 굵기만 한 무를 세 개씩 수확하고, 진딧물이 잔뜩 붙은 배추는 잘 크지도 못했지만 그래도 아깝다고 데쳐서 냉동실에 얼려두고 겨우내 국을 끓여 먹었다. 겨울엔 칼바람이 부는 노들 텃밭에 모여 밭을 정리하고 쪽파를 손질하며 도대체 왜 이걸 심었을까 고민하기도 했던 시간. 다 추억으로 남았다.

직접 키운 채소와 과일을 먹고, 사람들과 나눈 시간들이 참 즐거웠기에 앞으로도 마트가 아닌 텃밭에서 내가 먹을 것들을 키우며 살고 싶다고 생각하게 됐다. 밭에서 보낸 시간들은 분명 즐거웠지만 집에서 텃밭까지 가려면 꼬박 한 시간이 걸렸다. '시골에 내려가 살면 좋겠지'라는 막연한 생각은 머릿속에서 가지를 치고 있었다. 내려간 동네에 친구가 있었으면 좋겠다는 생각, 친환경적인 삶을 살면 좋겠다는 생각들.

그즈음 여행을 고민하게 되었고 친환경 농사를 하는 스반홀름과 우프를 알게 된 김에 한번 시험해보고 싶었다. 과연 우리는 농사를 지으며 살 수 있을까?

스반홀름에서 두 달간 생활하면서 내가 몸 쓰는 일을 참 못한다는 걸 알게 되었다. 텃밭 농사와는 다른 덴마크의 대형 상업 농사는 동일한 작업을 무한 반복해 근력이 부족한 나에게 어마어마한 근육통을 안겨주었다. 어깨와 허리가 아파 아침마다 요가를 하고 땡땡 부은 손가락 관절이 안 펴져 꼭꼭 밟아 펴주기도 했다. 손목 보호대를 차고 일하며 수시로 파스를 붙였다. 그에 비해 멀쩡해 보이는 신범. 고민이 조금 바뀌었다. 과연 '내가' 농사를 지으며 살 수 있을까?

영국에 있으면서 자급자족할 정도의 소규모 농사를 짓는 사람들과 젊은이들이 운영하는 사회적기업을 만나보았다. 도시에서 친환경적으로 살며 텃밭을 분양받아 필요한 작물을 키우는 제프와 힐러리, 크라우드 펀딩을 받아 만들어진 청년들의 사회적기업 로카보어, 풍경이 아름다운 시골에서 과수원과 텃밭을 운영하며 친구들과 함께 살아가는 제인, 주 4일 직장 생활과 주 3일 농사 생활을 병행하는 사라와 데이브, 두 달 반 동안 만난 다양한 삶의 방식 안에서 우리에게 가능한 삶의 규모를 가늠하고 색다른 가능성도 그려보았다.

땅을 소유하지 않는 농부,
우프

우프(WWOOF)*는 Working Weekends On Organic Farms의 줄임말로 시작된 단체로, 처음엔 도시에 사는 사람들이 주말에 유기농 농가에 방문해 농사일도 해보고 지역 생활도 체험하는 활동이었다. 그것이 Willing Workers On Organic Farms 즉 사람들이 자발적으로 유기농 농가에 가서 농사를 경험한다는 의미로 바뀌었다가 전 세계적으로 단체가 생겨나 큰 조직이 되고부터는 World Wide Opportunities On Organic Farms라는 이름으

---

* 한국 우프는 1997년 설립되었고, 2018년 현재 약 63곳의 농가가 호스트로 활동 중이다. 우프 영국www.wwoof.org.uk • 우프 코리아www.wwoofkorea.org

로 불린다. 기본적으로는 노동력을 제공하고 식사와 머무를 곳을 제공받는 시스템이지만, 물리적 교환뿐만 아니라 문화 교류의 장이 되기도 하는 등 다양한 경험을 할 수 있다.

  단체에 가입하려면 가입비를 내야 하고, 일 년간 우프에 가입된 호스트 농가 리스트를 볼 수 있다. 원하는 조건에 맞춰 검색한 후 명시되어 있는 이메일 혹은 전화번호로 연락해 일정을 맞추면 된다. 우프는 전 세계 다양한 국가에 존재하지만 방문하려는 국가마다 따로 가입을 해야 하는 점이 조금 번거롭다. 우프가 영국에서부터 시작된 조직이라 그런지 우프 영국 홈페이지는 꽤나 다양한 조건으로 호스트들을 검색해 살펴볼 수 있게 되어 있었다. 우리는 영국에서만 우프를 할 계획이어서 우프 UK에만 가입했다. 호스트 목록은 각 나라별 사이트에서 가입 전에 검색해보는 게 가능해 원하는 지역에 호스트가 많은지 적은지 미리 검색해보고 가입할 수 있다. 우프를 간다고 해서 비자 문제 등이 저절로 해결되는 것은 아니니 비자는 따로 자신이 관리해야 한다. 오히려 비자 없이 농장에 일하러 간다고 하면 입국 심사 시 불법 이민자로 오해받을 수 있으니 입국 심사대에서 주의해야 한다.

처음 우프를 준비할 때는 신범의 친구가 인상 깊었다고 이야기해준 퍼머컬처 농장이나 스코틀랜드의 유명한 생태마을인 핀드혼 공동체에도 가보고 싶었다. 친구가 다녀온 농장은 더 이상 우퍼를 받지 않는 듯 호스트 목록에서 찾을 수 없었지만 핀드혼 공동체는 목록에 있어 신청 메일을 보냈다. 이름과 직업, 그곳에 왜 가고 싶은지, 유기농과 농사에 대해 평소 어떤 생각을 가지고 있으며 어떤 활동을 해왔는지를 편지 글로 정리한 후 가고 싶은 날짜를 정해 이메일을 보냈다. 그게 4월 출발하기도 전이었는데 7월이 다 되도록 연락이 없었다. 안 되겠다 싶어 5월에 스반홀름에 온 이후로는 관심 가는 다른 농장도 찾아보고 이메일도 몇 군데 더 보냈는데 역시나 답이 없었다. 왜일까? 영국 사람들은 답장 보내기를 싫어하나? 별 생각을 다 하던 차에 스반홀름에서 만난 친구들이 우리를 안타깝게 여겨 우프와 상관없이 개별적으로 게스트를 받는 큰 농장이나 공동체를 소개해주었다. 하지만 스반홀름에서 일을 하고 나서는 기계를 사용하는 큰 규모의 농장보다는 소규모의 농장이나 가족이 운영하는 곳에 가보고 싶었기 때문에 소농, 퍼머컬처 같은 키워드로 계속 호스트 농장을 찾아보았다.

시간이 흘러 어느덧 7월. 한국에서 출발할 때 공항에서 예약했던 비행기 티켓 날짜에 맞춰 영국으로 가게 되었다. 영국에 가기 전날까지도 열심히 농장들을 찾아 이메일을 보냈지만 여전히 어떤 농장에서도 답을 받을 수 없었다. 결국 처음에 한 일주일 정도 머무르려 했던 작은아버지 댁에서 3주를 보내게 되었다. 아마 여름에는 대학생들이 방학을 맞아 우핑을 하며 여행을 하는지 하도 답이 안 와서 몇 군데 농장에 전화를 해봤다. 그러나 대부분의 농장들은 문의가 너무 많아 메일을 보냈는지도 몰랐다며 자리가 없다고 했다.

며칠간의 고군분투 끝에 9월에 2주간 머무를 곳이 정해졌다. 그리고 얼마 뒤 다행히 8월 초에 자리가 있는 호스트와 연결이 되었다.

링컨

제프와 힐러리의 도시 텃밭

도시에서 궁리하는 삶

우프 호스트를 찾던 중 눈에 들어온 단어 '지속가능한 삶의 방식(Sustainable way of living)'. 그들은 자신들이 지속 가능한 삶의 방식을 고민하고 있는 커플이라고 소개했다. 도시에 살고 있지만 도시 텃밭(혹은 시민 농장)을 분양받아 자신들이 먹는 채소는 자급자족하고 있으며, 탄소발자국을 줄이기 위해 노력한다는 말에 우리랑 딱 어울리겠다는 생각이 들었다. 집에 인터넷이 안 된다는 말에 불안한 마음도 잠시 들었지만 유심을 사서 통화와 데이터 사용이 가능했기 때문에 별문제 없으리라고 생각했다. 하지만 진짜 문제는 두 사람이 이메일 주소도 없다는 것이었다. 소개글에 전화를 먼저 해달라는 말이 있어 어떻게 통화해야 할지 예상 대화 내용을 적어놓고 떨리는 마음으로 전화를 걸었다.

Hello? Is this Geoff?

Hi. My name is An. I`m interested in wwoofing.

영국식 악센트를 알아듣기 위해 얼마나 긴장을 했던지 통화가 끝나고 나니 진이 쭉 빠졌다. 일단 우리가 지금 묵고 있는 곳으로 우편을 보내겠다는 말에 주소를 불러주고 편지가 오기를 기다렸다. 이틀 후 편지가 도착했다. 덴마크에서도 사람들이 우리 이름을 발음하기 힘들어하기에 그냥 An, Kim 이렇게 성으로 불러달라고 이야기했다. 편지와 함께 받은 종이에 소개글을 적고 비상 연락처도 적어 다시 편지를 보냈다. 그리고 며칠 후 알겠다는 내용의 답신을 받았다. 그렇게 그들은 우리의 첫 우프 호스트가 되었다. 그건 지금 생각해봐도 정말 운이 좋은 일이었다.

런던 빅토리아 코치 스테이션에서 일곱 시간 동안 버스를 타고 링컨 코치 스테이션에 도착한 날 저녁, 버스 앞에서 우리를 기다리던 제프를 만났다. 영국에선 처음으로 다른 이의 집에 가게 된 거라 버스에서 내리면 어떻게 인사해야 할까, 어떻게 알아볼 수 있을까 엄청 걱정했다. 그런데 막상 내리고 보니 딱 봐도 제프일 것 같은 사람이 버스 앞에서 우리를 기다리고 있었다. 흰머리에 반바지를 입고 스포츠 샌들을 신은 제프. 그의 차를 타고 집으로 갔다. 예상보다 평범한 주택가에 있는 가정집이어서 도대체 이곳에서 어떻게 지속가능한 삶의 방식을 고민한다는 걸까 궁금했다. 하지만 그 의문은 얼마 지나지 않아 풀리기 시작했다. 우리를 반갑게 맞아준 힐러리는 여러 가지 생활 규칙들을 설명해줬는데, 먼저 설거지는 물을 아끼기 위해 모아두었다가 하루에 한 번만 한다, 빨래는 모아서 일주일에 한 번 한다, 휴지와 음식물 쓰레기는 모아서 퇴비로 만든다, 이외에도 다 기억하기 어려울 정도로 다양했다.

 규칙을 제시하는 그녀의 당당하고 자신감 있는 모습이 마음에 들었다. 사람들과 관계가 틀어질까 봐, 나를 불편하게 생각하진 않을까 고민하느라 살고 싶은 대로, 행동하고 싶은 대로 하지 못했던 많은 순간들이 잠시 떠올랐다.

 간단히 저녁을 먹은 후 우리가 한동안 머무르게 될 방

으로 올라갔다. 방은 3층 다락이었는데 싱글베드 두 개가 놓인 꽤 큰 방이었다. 창밖으로 보이는 전망이 무척 좋았다.

우리가 해야 할 일은 주로 둘의 텃밭 일을 돕는 것이었다. 주 5일, 하루에 네 시간에서 여섯 시간 정도 일하고 주말에는 자유 시간을 가졌다. 하루 일과는 단순했다. 아침 여덟 시 반에 밭에 나가 두 시간 정도 일하고 티타임을 가진 후 다시 일을 하고 열두 시 반에 돌아와 점심을 먹는다. 오후는 자유 시간으로 보통 책을 읽거나 대화를 하거나 산책 혹은 근처 구경을 다니거나 했다. 대개 일은 오전에 끝났지만 마무리해야 하는 일이 있으면 오후에도 일을 돕는 날이 가끔 있었다.

제프와 힐러리가 이용하는 영국의 시민 농장은 한번 분양 받으면 평생 경작이 가능하다. 다른 작물에 피해가 가지 않는 한에서 사과나무 한두 그루 정도라든가 라즈베리나 블랙베리 같은 관목을 심은 곳도 볼 수 있었다. 두 분이 여기에서 농사를 지은 지가 벌써 30년이라니. 일 년마다 경작자를 새로 추첨하기 때문에 이삼 년을 사는 허브도 계속 심어둘 수 없는 서울의 노들 텃밭이 떠올랐다. 사용료가 일 년에 100파운드(약 15만 원)라니 적은 돈은 아니지만 영국 물가를 생각하면 비싼 건 아니라는 생각이 들었다.

 첫날 제프가 밭에 심은 작물들을 소개했다. 우리나라엔 없는 구스베리나 라즈베리, 레드커런트, 블랙커런트 나무들을 구경하고 열매를 하나씩 따서 맛보았다. 처음 맛보는 열매들이 다 맛있어서 한국에 가져다 심고 싶다고 하니, 신범이 커런트는 우리나라의 까치밥나무라는 이름으로 비슷한 게 있을 거라고 했다.
 처음 하게 된 일은 양배추 밭에 잡초 뽑기. 이미 덴마크에서 두 달간 일한 경력이 있던 터라 잡초 제거는 나의 전공이나 마찬가지라며 자신감 있는 태도로 거침없이 일했다. 뽑은 잡초를 고랑에 던져두었던 스반홀름과는 달리 제프는 잡초를 따로 모아 퇴비를 만들었다. 더구나 민들레 같은 뿌리 깊은 잡초들은 퇴비에 좋은 미네랄을 많이 가지고 있다고 했다. 양배추는 달팽이와 민달팽이가 특히나 좋아하는 작물이라 밭 전체에 그물까지 쳐가면서 보호하는데도 이미 중간중간 잎이 다 뜯어 먹힌

구멍 낸 요거트 컵을 토마토 근처에 묻어두고 물주는 중.

모종들이 보였다.

 토마토는 뿌리 주변에 요거트 컵이 묻혀 있었는데 링컨은 바람이 심한 동네라 그냥 물을 주면 금세 증발해버려서 뿌리에 물이 닿을 수 있도록 바닥에 구멍을 낸 요거트 컵을 뿌리 근처에 묻어두고 컵에 물을 부어 바닥의 구멍으로 물이 땅속에 바로 들어갈 수 있게 해둔 것이다.

우리는 토마토에 물을 주고, 옆에 있는 양파 밭에서 잡초를 뽑았다.

 첫날 일을 마치고 오후에는 거실에 앉아 이런저런 대화를 했다. 힐러리가 우리에게 한국에서 무얼 했는지, 돌아가서는 무엇을 할 것인지 물어 왔다. 제일 큰 도시인 서울에 살았고 돌아가서 무얼 할지 아직 고민 중이긴 한데, 시골에 내려가서 농사를 짓고 살아도 좋겠다는 생각을 하고 있었기에 이런 여행을 떠나온 것이라고 했다. 하지만 이번 여행에서 내가 농사일에 무지하고 몸 쓰는 일을 정말 못한다는 걸 깨달았다고도 이야기했다. 그래서 더 고민이 된다고 하니 힐러리 왈. "그게 널 키울 거야. 무슨 일이든 어느 지점에서는 꼭 시작해야 해."
 나는 언제나 고민하고 걱정하고 머릿속에서 일어나는 일들로도 스트레스를 받는 사람이다. 무엇이든 잘하고 싶고 성취감을 느끼고 싶으니까 못할 것 같은 일은 섣불리 시작하지 않는 면도 있다. 하지만 변화를 원한다면 힐러리 말대로 어딘가에서는 반드시 시작해야만 한다. 생각만으로 바뀌는 건 아무것도 없으니까.

쓰레기에 대해
이야기하는 건 섹시해!

둘째 날 화요일. 체력을 기르기 위해 아침에 일어나 조깅을 시작했다. 5분 뛰는 것도 어찌나 힘든지 심장이 이렇게나 빠르게 뛰어본 적이 있을까 싶었다. 운동하고 돌아와 아침을 먹고 여덟 시 반에 함께 텃밭으로 나섰다. 오늘은 가장자리에 있는 오래된 나무 펜스들을 제거하는 일을 했다. 올해 민달팽이가 극성을 부렸다며 이 펜스들 때문이 아닐까 하는 의심이 든다고 했다. 땅을 파서 펜스를 꺼냈더니 세상에! 엄청난 크기의 달팽이 녀석들이 한가득 있었다. 죽일 것인가 외면할 것인가 그것이 문제로다. 농부 입장에서 보자면 달팽이들은 열심히 농사지은 작물을 말끔히 먹어치우는 나쁜 녀석들이지만, 지구라는 행성에서 함께 살아가는 동반자로 보자면 분명 삶의 이유가 있을 텐데 하는 마음이 들었다. 어쩌면 이건 핑계고 사실은 녀석들을 밟을 때 느껴지는 익숙지 않은 감촉과 소리가 싫은 것뿐일지도 모르겠다는 생각도 들었다.

다음 작업은 밭에 덮어놓은 카펫을 치우고 안에 자란 바인딩 잡초를 캐내는 것이었다. 작물을 감아 타고 올라가는 덩굴성 잡초를 바인딩 잡초라 불렀는데 잘 죽지 않고 생육도 왕성해 텃밭 농사를 할 때 꽤나 고생시킨다고 한다. 힐러리와 제프는 작물 수확이 끝난 밭은 텃밭용 카펫으로 덮어 흙이 드러나지 않게 해두었다. 땅이 공기 중에 그냥 노출되면 바람과 빗물 등으로 겉흙이 유실되는데 이 겉흙이 다시 만들어지는 데 오랜 시간이 걸린다고 했다. 그래서 둘은 최대한 흙을 노출시키지 않으려고 밭이 아닌 곳은 다 잔디를 깔아두었고, 작물을 심지 않은 밭은 울 카펫으로 덮어두거나 잎과 줄기를 비료로 사용하는 녹비 식물을 심어 겉흙이 드러나지 않으면서도 자연스레 땅에 영양분을 주는 방법을 사용하고 있었다. 또한 수많은 유기 생명체가 사는 밭의 흙은 사람이 자주 밟게 되면 다져져서 딱딱해진다고 한다. 작업을 할 때도 최

텃밭 전경. 밭 주위에는 잔디를 심고, 휴경지는 잡초가 자라는 걸 막고 겉흙이 유실되지 않도록 카펫으로 덮어둔다.

대한 밭에 들어가지 않기 위해 두둑의 너비를 통로에 서거나 앉아 손을 뻗었을 때 두둑 중간까지 닿을 수 있을 정도로만 만들고 있었다. 두둑이 더 넓으면 작업하기 위해 흙을 밟게 될 테니 말이다. 딱딱해진 땅은 안에 있던 공기층이나 물의 통로 같은 게 없어져 미생물들이 살 수 없게 된다고 했다. 나의 한 발자국이 수억의 생명체를 죽게 만든다니 충격이었다.

잠시 티타임을 가지고, 잡초를 제거한 밭에 녹비 식물 씨앗을 뿌렸다. 씨앗을 고르게 뿌리고 갈퀴로 살살 긁어서 흙으로 살짝 덮어주면 작업 끝. 처음 만난 여러 가지 도구들도 재미나다. 당근 씨도 뿌리고 잔디 씨도 뿌리고 하다 보니 어느새 점심 먹을 시간이다. 점심으로 먹을 양상추와 치커리를 수확해 집으로 돌아왔다. 요리를 하기 위해 먼저 돌아온 제프가 수확한 야채에 묻은 흙을 대강 씻어내고 샐러드를 만들었다. 깨끗하지 않은 것 같아 당황하는 나에게 제프가 웃으며 한마디 했다. "걱정 마. 널 더 건강하게 만들어줄 거야."

20대 후반에는 회사를 다니면서 앞으로 어떻게 살지,

무엇을 하고 살아야 할지 고민이 너무 많아 힘들 때면 항상 나이가 들면 지금보다 현명해지지 않을까 그런 상상을 했었다. 문득 그때 생각이 나서 제프에게 물어보았다. "나이가 들면 인생이 조금은 쉬워지나요?" 내 이야기를 다 들은 제프는 나이가 든다고 인생이 쉬워지지는 않는다고, 지금의 고민은 다른 고민으로 바뀔 뿐 인생은 언제나 쉽지 않다고 대답했다. 일흔이 되어도 인생이 쉽지 않다면 아, 정말 어떻게 살아야 하는 걸까? 나의 내적 갈등을 전혀 눈치채지 못한 제프는 나를 불러 자신의 와인 창고를 보여주었다. 그는 해마다 먹고 남은 작물들을 이용해 와인을 만들어놓았는데 계단 밑 작은 공간에 빼곡한 와인 병들이 제프가 얼마나 부지런한 사람인지 말해주었다. 그냥 열심히 사는 수밖에 없는 걸까? 열심히 농사짓고 그 결과로 주어진 작물을 맛있게 먹고, 그러고도 남으면 와인을 만들어 창고에 놓아두었다가 좋은 사람이 오면 꺼내 마시고 그냥 그렇게. 언젠가 나도 저런 자그마한 창고를 가질 수 있을까?

저녁과 함께한 파스닙* 와인은 달콤하고 깔끔했다.

---

* 미나리과 식물로 설탕당근이라고도 한다.

다음 날 수요일. 달팽이와의 전쟁은 오늘도 끝나지 않았다. 나의 카르마가 점점 무거워진다. 점심을 먹고 오후엔 집에서 나무를 잘랐다. 제프가 근처의 나비 보호구역 숲에서 자원봉사로 나무 간벌을 할 때 자른 간벌목을 집에 가져다가 쌓아놓았는데 이 생나무를 2년 정도 말려놓았다가 겨울에 난방을 한다고 했다. 우리는 이렇게 말려둔 나무들을 가져다가 톱을 이용해 적당한 길이로 자른 후 도끼로 쪼개서 땔감 창고에 쌓아놓았다. 땔감 중에는 나무에 불을 붙이기 위해 작게 잘라놓은 '킨들링'이라는 게 있는데 작은 손도끼를 사용해 나무를 손가락 정도의 굵기로 잘게 쪼개는 것이다. 제프는 일을 마치고도 손가락이 모두 열 개여야 한다며 신신당부했다.

태어나서 처음 해보는 도끼질. 큰 도끼를 머리 위로 들어 올렸다가 정확한 위치에 내리쳐야 해서 온몸의 근육과 집중력이 필요했다. 결과적으로 난 잘 못했다. 신범은 도끼질을 꽤 잘 해내서 감탄했다. 알게 된 지 5년 만에 보는 새로운 면모였다.

저녁은 인도식 감자 요리다. 오래된 채식 요리책들이 집에 많이 있어 구경하는 재미도 쏠쏠한데 오랫동안 사용해서인지 레시피 옆에 나름의 코멘트와 재료 양을 입맛에 맞게 변경해 적어놓은 게 종종 눈에 띄었다. 맘에 드는 음식 레시피를 일기에 옮겨 적기 시작했다. 집에 돌아가서 꼭 해 먹어봐야지.

힐러리가 어머니에게 물려받았다는 오래된 요리책들.
손때가 가득 묻어 있다.

목요일엔 제프가 약속이 있어 우리는 밭에 가는 대신 힐러리와 집안일을 하기로 했다. 집안일의 시작은 빵 굽기. 제프가 부탁한 서머 푸딩*용 흰 빵과 점심에 먹을 통곡물빵, 말린 허브가 들어간 빵 등 여러 개를 구워야 했다. 베이킹은 저울에 무게를 정확히 재서 만들어야 하고, 밀가루에 우유랑 설탕, 이스트, 버터가 잔뜩 들어가는 줄 알았는데 힐러리는 밀가루와 따듯한 물, 이스트와 소금이면 된다고 말했다. 뭔가를 처음 해보는 건 언제나 설렘과 흥분을 안겨준다. 게다가 강의 같은 걸 들으면서 배우는 게 아니라 실제 생활에서 필요한 것들을 만들면서 배우는 거라 더 의미 있게 다가왔다.

재료 계량부터 섞기, 반죽, 반죽 치대기, 모양 만들기 모두 처음 하는 거라 시간이 엄청 오래 걸렸는데도 힐러리는 처음부터 끝까지 웃는 얼굴로 함께해주었다. 어제 톱질할 때 제프가 누구나 잘하려면 연습이 필요하다며 지겨워하지 않고 끝까지 기다려준 것처럼. 본인이 하

---

* 구스베리 등 여름 과일이 들어가는 푸딩이다.

모양 만들기를 끝낸 통곡물빵 반죽.

면 10분이면 끝날 일을 힘든 기색 없이 차근차근 알려주었다. 감동하며 바라보는 내게 보통 사람들이 아이들에게 무언가 가르칠 때 오래 걸려서 힘들다고 말하는데 그러면 어쩔 거냐고. 안 가르칠 거냐고 한마디 해서 정신이 번쩍 들었다. 그렇지. 안 가르칠 수는 없지. 나도 앞으로 누군가를 가르칠 땐 잘해줘야겠다.

빵 반죽을 둥글려 볼에 다시 넣고 빵에게 휴식을 허한 뒤 그동안 어제 수확한 콩 껍질을 깠다. 그리고 즐거운 티타임. 비스킷 조각과 함께하는 잠깐의 휴식은 꿀맛이었다. 차를 다 마시고 나서 신범은 나무를 자르고, 나와 힐러리는 뒷마당에 있는 식물들을 정리하고 꽃 화분을 옮기고 잡초를 뽑았다. 밥을 먹기 전에 빵을 구워야 하니 손을 깨끗이 씻고 빵을 꺼내 살짝 둥글려줬다. 모양을 만들어 식빵 틀에 넣고 다시 빵에게 휴식을!

오후엔 일이 없다고 특별히 무언가를 했던 건 아니지만 그냥 원하는 만큼 쉬고 함께 사는 사람들과 대화하고 나누는 소소한 시간들이 참 즐거웠다. 약속에 다녀온 제프와 아옹다옹하는 힐러리를 보며 저게 오래된 부부의 모습인가 하는 생각이 들었다. 둘의 모습에 우리의 미래를 덧입혀보았다.

저녁엔 힐러리와 둘이 과일을 사러 근처의 CO-OP Food(노동자 협동조합 마트)에 다녀왔다. 힐러리는 오가는 길에 떨어져 있는 쓰레기를 모두 주웠다. 심지어 길가에 있는 쓰레기통은 분리수거를 안 한다며 재활용 쓰레기는 집에 들고 와서 분리수거통에 버렸다. 마트에 갈 때 항상 가방과 비닐봉지를 챙겨간다는 힐러리는 지난번에 여러 번 거절하는데도 직원이 비닐봉지가 필요하냐고 자꾸 물어서 비닐봉지의 유해성에 대해 이야기하다가 싸웠다고 했다. 사람들이 비닐봉지에 대해, 쓰레기에 대해 이야기하는 건 섹시하지 않다고 생각한다는 말에 나도 공감했다. 언젠가 우리가 사용한 플라스틱이 바다로 흘러들어가 물고기에게 먹히고, 그 물고기를 먹은 인간의 몸에 쌓이고 말 거라고 하면서 나중에는 'Would you like Plastic & chips?(영국 음식인 피쉬앤칩스에 빗대서 한 말)'라고 말해도 될 거라며 웃었다. 자신의 생각을 논리적으로 이야기하는 당당한 모습을 보며 목 늘어난 티셔츠와 지퍼가 고장 난 오래된 점퍼에 옷핀을 꽂아 입는 힐러리가 누구보다 섹시하다는 생각이 들었다.

처음엔 2주 정도 머물 생각으로 왔었는데 이곳이 너무 마음에 들어 한 주 더 머무르고 싶다고 말했다. 원래 우리가 떠나려던 주말에 두 분이 친구 생일 파티에 참석하느라 여행을 가기로 했지만 일주일 더 머물러도 좋다면서 주말에 집을 잘 봐달라고 했다. 나를 데리고 다니면서 문단속하는 법, 비상 연락망 등을 찬찬히 알려주었다. 집에 불이 나면 2층 화장실 창문으로 나가서 차고 지붕으로 뛰어내리라는 말을 세 번째 듣는 순간 누군가의 말을 이렇게 참을성 있게 열심히 들어본 적이 있었나 하는 생각이 들 정도였다. 엄마였다면 아마 "그만해!"라고 소리 질렀을지도 모른다. 타인에게 관대해지기는 참 쉽다.

지역 유기농 모임에 가다

매주 금요일은 컨트리 마켓이 열리는 날이라 신범과 제프는 밭으로 출근하고, 나와 힐러리는 마켓에 갔다. 컨트리 마켓은 교회의 작은 홀에서 열리는, 나이가 지긋하신 분들이 많이 찾아오는 곳이었다. 파는 물건은 잼과 뜨개 소품, 빵과 과자 그리고 텃밭 농산물 조금. 다 해봐야 대여섯 정도의 판매자가 함께 여는 시장이다. 힐러리는 과자도 빵도 본인이 만들 수 있지만 이런 마켓이 계속 존재하려면 누군가는 물건을 사주어야 한다며 몇 가지 스콘과 비스킷을 샀다. 자본주의 사회에서 상품에 돈을 지불하는 것만큼 단순하고 분명한 의사표시가 있을까. 그래서 항상 고민이 된다. 구매 외에는 긍정적인 의사를 표현할 방법이 없을까? 마음에 든다 해도 가지고 싶지는

링컨 대성당 앞 광장. 웅장한 분위기가 마음에 들어 산책 나올 때마다 들르곤 했다.

않을 수도 있고 내게 필요하진 않은 물건일 수도 있는데. 지금은 구매만이 너의 의미를 알아들었다는 식의 표현이 되는 것 같아 아쉬울 따름이다.

마켓을 오가는 길에 동네를 돌아보며 힐러리가 저기는 100년 된 건물이고 저기는 빅토리아 시대에 노동자들이 살던 건물이라면서 동네를 설명해주었다. 이 거리엔 오래된 건물이 그대로 남아 있어 도시에 독특한 분위기를 더하고 있었다. 좋은 것을 만났기 때문일까? 비교하는 버릇이 또 발동됐다. 어느새 서울을 떠올려본다. 어디든 과거의 흔적이 남은 곳들은 모두 뜯어내어 철근과 유리로 된 건물을 세우지 못해 안달이 난 것처럼 보이는 서울 도심, 그리고 비슷하게 생긴 브랜드 아파트, 마당도 베란다도 없는 빌라 건물이 가득한 우리 동네. 역사와 연결된 공간에 산다는 건 어떤 기분일까?

여기서 지내며 아침은 보통 뮤즐리와 우유, 익힌 과일 등으로 가볍게 먹는데 꽤 입에 맞는다. 속도 편하고 화장

실도 잘 가고. 시판되는 뮤즐리는 모두 설탕이 잔뜩 들어가 있기 때문에 힐러리는 뮤즐리에 들어갈 재료들을 친환경 식품점에서 구입해 직접 조합해서 먹고 있었다. 우리도 집에 돌아가면 뮤즐리로 아침을 먹어볼까 생각하니 과연 얼마나 많은 재료들을 국산으로 구할 수 있을까 싶다. 오트밀은 국산 귀리가 있고, 호두나 잣, 깨는 가능한데 아몬드는 어렵겠다. 블루베리나 체리 같은 말린 과일들은 곶감이나 대추, 무화과 같은 걸로 대체해야 하나? 가장 어려운 게 우유다. 여기에선 지역 농장에서 생산한 우유를 배달시켜 먹는다. 심지어 쓰레기도 나오지 않게 재활용되는 유리병을 사용한다. 다 마시고 난 빈 병을 헹구어 현관 앞에 모아두면 배달하시는 분이 수거해 간다. 서울에서는 불가능하겠지. 두유나 쌀 우유 같은 걸 만들어봐야겠다.

두 분의 밭은 자급자족을 위한 거라 여러 작물들이 어우러져 있었다. 수확이 끝난 구스베리나 라즈베리 나무들은 주변에 퇴비를 뿌려주고, 내년 수확기에 열매를 쪼아 먹으려는 새들을 막기 위해 철망을 만들 준비를 한다. 옥수수와 애호박에 물을 주고 양배추 모종을 옮겨 심고,

양파를 수확한 뒤 다른 밭 한쪽에 또 양파 씨를 뿌렸다. 서너 가지의 콩도 키우는데, 수확 시기를 달리해 이미 수확한 것도 있고 밭에서 한창 자라는 것도 있었다. 토마토는 다양한 종류들이 섞여 있다고 한다. 어떤 모종이 날씨에 적응해 좋은 수확을 낼지 모르니 여러 가지를 섞어 심어 최소한의 수확을 기대한다고.

나의 일 년 살이를 이렇게 생각해보는 게 어떨까? 쌀은 꼭 필요할 테고, 봄과 여름엔 무얼 키워 먹을 수 있을까? 과일도 몇 가지 있었으면 좋겠다. 겨울이 되기 전에 김장에 필요한 것들은 미리 심어둬야 할 테지. 복잡한, 어쩌면 아주 단순한 그런 삶이 가능할 수도 있겠구나.

주말에 제프와 힐러리가 함께하는 링컨 지역 유기농 모임 LOGO(Lincolnshir Organic Gardening Organisation)에서 하는 가드닝 토크 행사가 있다며 함께 가겠냐고 물어보기에 냉큼 고개를 끄덕였다. 지역 신문에도 기사가 나고, 링컨 근교에 있는 내추럴 월드 센터에서 진행하는 거라 미리 신청도 해야 했다. 다행히 힐러리가 본인 것과 같이 신청해주었다. 제프의 퇴비 만들기 강의를 시작으로 다른 멤버들의 '함께 심기'와 '돌려짓기'에 관한 강의가 이

유기농 모임 LOGO에서 진행하는 가드닝 토크를 준비하는 모습.

어졌다. 가드닝을 하고 있는 사람들이 참여해 현실적인 질문들을 주고받고 자신의 경험을 나누는 현장에 영국식 영어에 당황한 한국인 두 명이 앉아 있는 대체로 평화로운 풍경이었다.

노들에서 2년간 텃밭을 하긴 했지만 제대로 누군가에게 배워본 건 처음이었다. '토마토 밭에 금잔화를 심으면 벌레를 쫓아주는구나.' '감자는 질소가 많이 필요하구나. 그래서 질소를 고정하는 콩을 심은 후 그 땅에 감자를 심는 거구나.' 한국에 돌아가 텃밭에 적용해볼 원리들을 머릿속에 되새겨보았다. 새로 깨닫는 게 많아지면서 스반홀름에서 3년이나 5년 단위로 들판에 클로버와 작물을 돌려짓기한다고 이야기해줬던 게 떠올랐다. 그때는 들어도 이해가 안 됐는데 클로버 또한 녹비 식물로 콩과 같은 원리로 사용된다는 걸 이해할 수 있었다.

세 명의 도시 농부 이야기를 다 듣고 밖으로 나오니 흙 대신 짚단 위에 농사를 짓는 방법을 알려주는 부스가 있었다. 땅이 없어도 농사가 가능하다는 말에 신기해서 설명을 듣다가 부스를 운영하시는 분과 이런저런 대화를 나누게 되었다. 근처 학교에서 아이들과 함께 텃밭을 가꾸었는데 아이들 중 한 명이 장난을 치다가 농기구에 다쳐 아예 텃밭 가꾸는 시간이 없어졌다고 했다. 아이들에게 위험하다고 느껴지는 것들을 모두 없애는 게 과연 좋은 걸까. 아니면 조심할 수 있게 지켜봐주고 제도를 만들어주는 게 좋은 걸까 헷갈리기 시작했다.

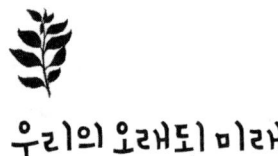

우리의 오래된 미래

아침에 조깅을 10분 정도 하느라 터질 것 같은 심장을 부여안고 아침을 먹었다. 제프는 아침부터 바빴다. 최근에 링컨 근교의 작은 마을에 셰일 가스*가 있는지 탐지하기 위해 지반에 구멍을 열두 개나 뚫었다는 소식을 어제 안티프랙킹(anti-fracking) 모임 회원에게 들었다며 일어나자마자 관련 부서에 편지를 쓰고 있었다. 프랙킹이란 셰일 가스를 시추하기 위해 땅에 구멍을 뚫는 일체의 행위를 말하는데, 지반에 구멍을 뚫고 가스가 있는 공간에 엄청난 양의 물을 넣어 이 압력으로 가스를 뽑아낸다고 한다. 이때 사용하는 물에 강한 화학약품을 타는데 이

---

* 퇴적암 지층인 셰일층에 매장되어 있는 천연가스.

렇게 되면 이 물은 다시 사용할 수 없게 되고 대부분의 경우 근처 지하수까지 오염시켜 농사나 축산업에 큰 피해를 주게 된다고 한다. 돌이킬 수 없는 오염을 만들어내는데도 이 프랙킹이라는 게 자주 일어나고 있는 듯했다. 제프와 힐러리는 프랙킹에 반대하는 운동을 하고 있었다. 제프는 다 쓴 편지를 내게 보여주었다. 편지에는 최근 사태에 대해 언급하고 프랙킹이 초래하는 안 좋은 결과들과 더불어 이미 화석연료 사용으로 대기오염이 심각하기 때문에 또 다른 화석연료를 사용하기 위해 환경을 오염시키기보다는 미래 세대를 위해 지구를 사람이 살 수 있는 별로 남기기 위한 노력을 해야 하지 않겠느냐고 쓰여 있었다. 이 편지를 정말 관공서에 보내겠다고? 멋진 행동이지만 원하는 결과를 만들어낼 수 있을까 의구심을 갖는 우리에게 제프는 '그저 한 명의 개인으로서 의미 없는 행동일 수 있겠지만 나중에 손주들이 커서 할아버지 할머니는 도대체 무엇을 했느냐고 물었을 때 부끄럽지 않도록 최대한 할 수 있는 것을 하고 있다'고 말해 가슴 찡하게 만들었다.

제프는 편지를 부치러 가고 우리는 밭으로 나갔다. 밭은 우편물 봉투를 재활용해서 우편물을 보낼 때 사용하고, 형광색 안전 조끼를 입고 자전거를 타는 멋진 할아버지 같으니라고!

저녁을 먹고 함께 둘러앉아 있다가 최근 한국에서 일어난 사고에 대해 이야기를 나눴다. 기업에 불이익이 올까 봐 근무 중에 상해를 입은 사람에게 구급차를 불러주지 않은 사건이었다. 뉴스를 보고 너무 어이가 없고 속상해서 사람이 어떻게 그럴 수 있느냐고 힐러리에게 이야기했다. 그러자 그녀는 시스템의 한 부분인 사람을 탓할 게 아니라 잘못된 선택을 하게 만드는 시스템을 고쳐야 하는 거라고 답했다. 정상적인 사람들도 잘못된 시스템 안에서는 잘못된 선택을 하게끔 강요당한다고.

힐러리는 사람들의 행동을 비난하기보다는 그들이 반드시 알아야 하지만 보통은 알고 싶어 하지 않는 이야기를 꺼낸다고 한다. 그런 거 몰라도 행복하다고 하는 사람들에게 결국 그 행복은 다른 누군가를 억압해 취득한 거라고 말해준다는 그녀가 대단해 보였다. 유쾌하게 웃으면서 '이 동네 미친 의사가 나야'라고 타인의 시선 따위 쿨하게 넘겨버리는 그녀의 대담함에 다시 한 번 반했다.

힐러리와 제프가 참여하는 다양한 환경단체 중 인상적이었던 구호.

처음 이곳에 왔을 때 조심스레 조금씩 천천히 먹던 처트니*와 버터, 치즈를 어느새 듬뿍듬뿍 먹고 있었다. 여기 와서는 여유롭게 맛을 음미하며 먹을 수 있어 좋았는

* 과일이나 채소에 향신료, 식초, 설탕을 넣어 만든 인도에서 유래한 소스.

데. 뭐가 바뀐 걸까? 단지 이 삶에 익숙해졌기 때문일까? 음식에 대한 내 태도가 바뀐 이유를 떠올려보다가 한국에 있을 땐 집에서 왜 그리도 정신없이 밥을 먹었는지 생각해봤다. 보통 퇴근하고 집에 가서 요리를 하는 시점엔 이미 너무 배가 고프고 지쳐 있다. 얼른 음식을 해치우고 누워 쉬고 싶은 마음이 들기도 하고, 심심하다고 TV를 보면서 밥을 먹기라도 하면 음식에 더 집중하지 못한다. 여기선 당장 눕고 싶을 만큼 지칠 일도 없고, 밥을 먹고 난 후에도 그다지 할 일이 없어 책을 읽거나 대화하는 일이 일상인지라 급할 게 없다. 시간이 빨리 가기도, 늦게 가기도 하지만 TV를 볼 때처럼 통째로 사라진다는 느낌은 들지 않는다.

하루하루가 금방 지나갔다. 여름이라 볕이 뜨거워 아침에 작물에 물을 주는 것으로 하루를 시작한 뒤 잡초를 뽑거나 밭을 정리하는 일로 하루 작업을 끝냈다. 낮에는 근처 협동조합 마트에 가서 과자를 사 먹고 동네도 산책하고 힐러리와 콩을 고르면서 수다를 떨기도 했다. 저녁에는 모두 모여 보드게임을 하거나 직소 퍼즐을 맞추고 대화를 하며 보냈다.

어느새 약속했던 3주가 다 지나가고 마지막 밤이 왔다. 우리는 아쉬움이 가득해 한국이나 영국에 대해 시시콜콜한 이야기들을 나누며 밤이 깊어지도록 함께 놀았다. 완전히 타인이던 우리를 집에 들이고, 먹을 것과 이불을 나누어 주고, 서로 함께 배워가는 거라며 이야기를 나누던 날들이 다 끝나버렸다. 우리가 처음 만난 호스트인 제프와 힐러리. 왠지 그들의 이름을 부르면 마음이 따뜻해

마지막 날 텃밭 앞에서 제프가 찍어준 사진.

진다. 우리의 서툰 영어를 알아들으려 노력하고, 하나라도 더 가르쳐주고 하나라도 더 배우려 하던 그런 커플이었다. 덕분에 도시에서 친환경적으로 산다는 게 어떤 건지 경험할 수 있었고, 신념을 지켜가는 삶에 대해 배울 수 있었다. 이곳에서 만난 것은 우리의 오래된 미래였다.

글래스고
청년들이 운영하는
사회적기업 로카보어

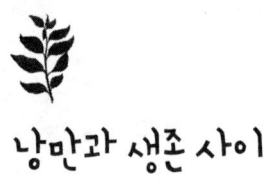
낭만과 생존 사이

링컨을 떠나 다음 우프 호스트를 만나러 가기 전 잠시 아일랜드를 여행했다. 더블린 시내도 헤매보고 기네스 맥주 공장에도 가보았다. 골웨이의 바닷바람도 맞아보고 길거리 공연을 하는 집시 재즈 밴드를 만나 몇 시간이고 골목을 서성이며 음악을 들었다. 그렇게 다시 만나지 못할 공연을 보고 나서 새벽 비행기를 타러 더블린으로 갔다.

더블린 공항에서 밤을 새우고 비행기에 탔다. 원래 잠은 꼭 충분히 자야 하는 사람인지라 공항에서 몇 시간 동안 쪽잠을 잤는데도 무척 피곤했다. 글래스고행 비행기를 타서 이륙 안내 방송을 듣고 잠든 뒤 도착 안내 방송을 듣고서야 잠이 깰 정도로 푹 잤다. 비몽사몽간에 비행기에서 겨우 내려 글래스고 시내로 가는 버스를 탔다. 중앙역 근처에서 요기를 하고 우리의 다음 목적지인 로카보어를 찾아갔다. 로카보어*는 로컬 푸드, 친환경제품을 파는 가게로 도시 텃밭을 가꾸는 청년들이 운영하는 사회적기업이다. 그들은 크라우드 펀딩으로 이 가게를 차렸다. 우리와 관심사가 비슷해 보이고 재미있을 것 같아서 다음 일정을 미뤄가며 3주간 머물기로 했다.

로카보어 가게에 도착해 그곳에서 일하는 친구들과 어색한 인사를 나눈 뒤 차를 마시며 가게 대표인 루벤과 담당자인 존을 기다렸다. 글래스고 근교의 닐스톤이라는 동네에 로카보어에서 운영하는 마켓 가든이 있는데 우리는 그곳에 머물게 된다고 했다. 함께 루벤의 차를 타고 마켓 가든으로 출발했다. 차 한 대 다니기 빠듯한 시골길로 한참 들어가는데 길 주변에 다른 집이나 지나다니는

---

* Locavore는 지역이라는 뜻의 'local'과 라틴어로 '먹다'라는 뜻의 'vore'를 합성해 만든 신조어로, '지역 먹거리를 즐기는 사람들'을 일컫는 말이다.

차가 안 보여 덜컥 겁이 났다. 25분가량 걸린다던 그 길이 얼마나 길게 느껴지던지. 핸드폰을 꺼내 보니 이미 공항 노숙으로 배터리가 나가 전원이 꺼져 있었다. 순간적으로 우리가 여기 있다는 걸 도대체 누가 알고 있는지 머릿속으로 떠올려봤다. 세상에, 아무도 없었다. 어딜 가든 목적지는 알리고 다녔어야 했는데! 짧은 순간에 별의별 생각이 다 들었다. 긴장, 절망, 포기 단계를 거치고 모든 생각이 사라질 때쯤 마켓 가든에 도착했다. 목장 입구같이 생긴 넓고 낮은 쇠문을 열고 들어서니 입구에 비닐하우스와 저 아래 닭장이 보이고 푸릇푸릇한 초원이 펼쳐져 있었다.

여기는 21세기지만 전기가 없는 곳. 물이라고는 농장 입구에 있는 수도꼭지 하나가 전부인 곳. 얼기설기 지어진 커다란 닭장 옆에 덩그러니 놓여 있는 오래된 카라반이 우리의 숙소였다. 카라반에는 당연히 수도, 전기가 연결되어 있지 않았고, 화장실과 샤워실도 사용할 수 없었다. 루벤이 곧 구매할 거라고 메일로 이야기하던 뉴 카라반은 그래도 가스 연결이 되어 부엌 겸 식당으로 쓰기로 했다. 그렇게 카라반은 나의 낭만 카테고리에서 지워져

우리의 오래된 미래를 만나다, 영국

마켓 가든 전경. 부엌 겸 식당으로 사용했던
카라반과 그 앞의 비닐하우스.

버렸다.

전에 있던 우퍼가 지었다는 화장실은 컴포스트 토일렛이라고 하는데, 볼일을 보고 톱밥을 뿌려 덮는 생태 화장실이었다. 전기가 없어 핸드폰은 어떻게 쓰냐고 물어보자 존이 배터리를 자기 집에서 충전해 출근할 때 가져다주겠다고 했다.

잠을 푹 자 이성이 활발한 상태에서 이곳에 왔더라면 아마 다시 생각해봤을지도 모르겠다. 우리는 너무 피곤했고, 어디라도 빨리 짐을 풀고 쉬고 싶어서 마켓 가든을 한 바퀴 둘러본 뒤 낡은 카라반에 그냥 짐을 풀었다.

루벤도 공항에서 밤을 보내고 왔다는 이야기를 듣고는 피곤하겠다며 일주일에 두 번 쉬는 날 중 하루를 오늘로 하자고 이야기했다. 그래서 바로 카라반 청소를 하고 짐을 대강 정리한 뒤 잠이 들었다. 네 시쯤 업무가 끝나고 그들이 퇴근하기 전에 일어나 존에게 핸드폰을 맡기고 내일 만나자며 배웅했다.

존이 떠나고 나서 식당을 정리하기 시작했다. 어두워지기 전에 저녁을 만들어 먹고 씻고 움직여야 했다. 이곳에는 전기가 없으니까.

따뜻하게
목욕하고 싶어

닐스톤에서의 첫 아침이 밝았다. 혹시나 싶어 캐리어 안에 꼭꼭 넣어두었던 패딩까지 꺼내 덮고 자서 그런지 생각만큼 춥지는 않았다. 아직 괜찮네, 스코틀랜드!

존과 함께 일하게 될 줄 알았는데 존은 닭장 청소를 하고 우리에게는 비닐하우스에 물주기를 부탁했다. 비닐하우스 안에는 관개 시설이 없어 왔다 갔다 하며 물뿌리개로 물을 줘야 하는 상황이었다. 이 정도쯤이야! 하고 만만하게 봤는데, 생각보다 오래 걸렸다. 오전 내내 해도 일이 끝나지 않아 점심을 먹고 마저 하려고 존에게 언제 점심을 먹느냐고 물어봤더니 존이 자기는 알아서 먹을 테니 우리끼리 먹으라고 해서 당황스러웠다. 링컨에서는 항상 함께했는데. 호스트 소개에 적혀 있던 셀프 케이터링이라는 단어의 뜻을 이제야 정확히 알 것 같았다. 어제 존에게 부탁했던 빵을 받아 힐러리와 제프가 이별 선물로 챙겨 준 처트니와 함께 점심을 먹었다. 아, 다시 한번 느껴지는 이 애정!

오후 네 시에 일을 끝내고 퇴근하는 존을 따라 마을에 나갔다. 차를 타고 들어갈 때 들판에 아무것도 없어 걱정하던 게 무색할 만큼 가까운 곳에 마을이 있었다. 걸어서 5분 정도 걸렸다. 동양인이라고는 우리뿐일 것 같은 정말 조그맣고 조용한 동네였다.

마을을 돌아보고 어두워지기 전에 숙소로 돌아와 주로 다니는 길마다 풀을 베었다. 신범은 잘라낸 풀과 돌을 땅바닥에 깔아 카라반 앞 진창을 없애고 길을 정리했다. 큰 돌도 가져다가 화장실 앞에 계단을 한 칸 만들고, 자갈을 주워 와 샤워부스 앞에 깔았다. 이제 조금은 이곳에서의 삶이 편해지려나?

아침 공기가 차가워졌다. 패딩 점퍼가 있는 게 다행이라고 느껴질 정도다. 옷을 갈아입을 때면 어허! 소리가 저절로 나온다. 매주 목요일은 시내에 있는 로카보어 가게에서 채소를 포장하는 날이다. 로카보어에서는 채소 꾸러미를 판매하는데 매주 목요일 마켓 가든에서 키우는 채소들을 수확해 금요일에 배달한다고 했다. 이번 주 꾸러미에는 완두가 13kg 필요하다고 해서 풀과 함께 자연 그대로의 상태로 자라고 있는 완두콩 밭에 나가 신범과 열심히 콩꼬투리를 땄다. 열두 시쯤 수확을 도와줄 자원봉사자들이 와서 비닐하우스에서 샐러드용 잎채소를 함께 수확했다. 오후가 되자 하우스 안이 너무 더운 데다 대체 얼마만큼 자란 잎채소들을 얼마나 수확해야 되는지 알지 못해 우왕좌왕했다. 열대여섯 개의 박스에 근대, 청경채, 다채 등의 채소들을 가득 담고 나서야 작업이 끝났다.

 다 같이 차를 타고 로카보어 가게로 갔다. 채소 박스들을 가게 지하에 있는 창고로 나르고 한숨을 돌리며 가게를 구경했다. 유기농 채소부터 곡물류, 파스타, 초콜릿,

친환경 샴푸나 대나무 칫솔까지 다양한 제품들을 판매하고 있었다.

달걀이 놓인 선반에는 '로카보어가 직접 키우는 닭에서 나온 달걀'이라는 설명과 함께 사진이 붙어 있었다. 자신들이 직접 키운다는 사실을 당당하게 표현하는 모습이 보기 좋았다. 그런데 그 밑에 달걀을 담는 박스는 따로 판매하고 있으니 담아갈 상자를 따로 챙겨 오라고 써 있어서 눈을 의심케 했다. 이래도 손님들이 괜찮으려나.

가게에서 판매하는 채소들의 공급처도 한쪽에 적혀 있었는데, 마켓 가든뿐 아니라 글래스고 근교의 작은 농장과 시내에 있는 도시 텃밭 크로프트에서 재배한 작물들도 판매하고 있었다. 각각의 장소에 대해 간단한 설명이 쓰여 있어 신뢰가 갔다.

잠시 휴식한 후 일이 정신없이 진행되었다. 끝도 없는 근대 상자들이 우리를 공격했다. 근대를 200g씩 무게를 재서 비닐봉지에 넣고 스티커를 붙여 박스에 다시 차곡차곡 정리했다. 말로는 쉽고 간단한 것 같지만 근대 양이 워낙 많아 보통 일이 아닌 게 되어버렸다.

다른 봉사자들과 소소한 이야기를 나누며 손으로는 단

우리의 오래된 미래를 만나다, 영국

로카보어 가게 내부에는 판매하는 제품의 생산자에 대해
소개하는 글이 적혀 있다.

순 작업을 계속했다. 비닐봉지에 근대를 그냥 우겨 넣는 봉사자들을 보고 놀란 우리와, 너무나도 자연스럽게 분업해서 컨베이어 벨트 돌리듯이 착착 효율적으로 일하는 우리를 보고 놀라는 그들. 우리는 왜 이런 단순 분업에 익숙할까? 익숙지 않은 사람들이 오히려 답답할 정도다.

한참을 스코티시 악센트와 근대에 파묻혀 일했다. 이번 주 꾸러미는 사과, 근대, 완두콩, 샐러드용 잎채소, 콜리플라워였다. 자원봉사로 하루 일을 도와주면 채소 꾸러미를 하나 받을 수 있다고 하더니 다섯 시가 되자 자원봉사자 두 명은 본인이 가져갈 꾸러미를 만들어 퇴근했다. 우리도 다섯 시 반쯤 근대 포장이 끝나서 야채를 좀 싸들고 집으로 돌아왔다.

물을 잔뜩 끓여 해가 지기 전에 머리를 감았다. 샤워를 하고 싶었지만 수돗가 옆에 가슴 높이도 되지 않는 샤워 부스에서는 도저히 못 씻을 것 같았다. 내일은 존이 출근하지 않는 날이니 낮에 따뜻할 때 온실 안에서 샤워를 해 볼까 싶었다.

아침에 눈을 뜨자마자 로켓스토브 구상에 빠졌다. 따뜻한 물에 샤워하고 싶은 마음이 많은 걸 해내게 한다. 문화로놀이짱에서 화덕 워크숍을 했던 게 얼마나 다행이었는지. 역시 뭐든 열심히 배워놓고 볼 일이다. 전에 없이 캔 음식을 많이 먹고 있었기에(다행인 건 콩이나 유기농 토마토라는 것!) 버려지는 캔을 이용해 로켓스토브를 만들어 씻을 물을 좀 여유 있게 끓이고 싶었다. 땅에 파묻을지, 주변에 돌을 쌓아 만들지 고민하고 그림 그려보는 것만으로도 기분이 좋아졌다. 내친김에 태양열 온풍기와 신범이 고민하던 수돗가 선반도 그려보았다. 얼른 신범을 깨워 해보자고 하고 싶었다.

전기가 연결이 안 돼 조명이 없으니 저녁엔 여유가 없다. 여유로우려면 일찍 일어나는 수밖엔 없나 보다. 그래서 일부러 30분 일찍 일을 시작했다. 물뿌리개에 물을 가득 받아 열심히 날랐다. 신범이 낡은 라디오를 찾아내서 음악을 틀어놓고 들썩들썩! 신나게 일했다. 한 시간 동안 물을 나르고 잠시 휴식할 겸 닭장에 밥을 주러 다녀왔다. 20kg짜리 사료 한 포대와 물통 두 개를 외발수레에 싣고 신범이 달렸다. 닭장에 물을 갈아주고 밥그릇에 사료를 채워주면 닭들이 엄마 따라다니듯 신범을 졸졸 쫓아다닌다. 그러다가도 달걀을 수거하려고 하면 온몸으로 거세게 반항하는 녀석들. '너희가 뭘 안다고!' 하다가도 자식을 뺏기는 기분인 건가 싶어 기분이 이상했다.

점심을 먹고는 밖에 있는 케일 밭 잡초를 뽑았다. 스코틀랜드 날씨에도 잘 자라는 잡초들이라 그런지 뿌리며 줄기며 이루 말할 수 없이 강하다. 도저히 손아귀 힘만으로는 안 돼서 모종삽으로 내리쳐 줄기를 끊어내는데 마치 잡초 토막 살인범이 된 기분이었다.
인생이 지겨우리만치 잡초를 뽑다가 더는 안 되겠다 싶어 잠깐 다른 일을 하자고 케일 잎을 따서 수돗가로 가는데 루벤이 왔다. 오늘 일 끝나고 비닐하우스에서 샤워하려고 했는데. 하우스 안에서 뭔가를 작업하는 루벤을 보며 슬퍼졌다. 풀을 마저 뽑고 하우스에 들어가보니 오늘 관개 시스템을 고치러 왔다고 성공을 빌어달라며 열심히 작업하고 있었다. 하우스 정리를 좀 더 도와주고 나는 반찬으로 먹을 피클과 자우어크라우트를 만들었다.

루벤이 가고 해가 지기 시작할 무렵 비닐하우스 안에 끓는 물이 담긴 냄비와 커다란 플라스틱 박스를 가져다 놓고 그 위에서 샤워를 했다. 신범은 밖에서 망을 보았다. 뻥 뚫린 공간이라 마음이 불안했지만, 오랜만에 샤워를 하고 옷을 갈아입으니 그렇게 상쾌할 수가 없었다. 행복해하는 나를 보고 신범도 도전! 다시 물을 끓여 하우스 안에 넣어 주고 나는 앞에서 망을 보았다. 샤워를 하고 나니 뭔가 최종 보스를 깬 느낌이다. 아니다, 아직 빨래가 남았구나.

저녁은 목욕 후 개운한 기분을 이어가기 위해 칼칼한 국물을 끓였다. 하루하루 먹는 게 일이고 낙이다. 식후 차 한잔하면서 하는 가장 큰 고민이 내일 뭐 먹지라니. '추운 아침엔 따끈하게 죽을 끓여 먹자.' 쌀을 불려놓고 카라반으로 내려갔다. 일찍 자고 일찍 일어나긴 하지만 추워서 그런지 잠도 엄청 늘었다.

추운 아침에도 비닐하우스는 참 따뜻해서 카라반에도 비닐을 덮을까 하는 생각이 들었다. 더 이상 추위에 눈 뜨는 아침이 싫다! 신범과 하우스 앞에 쌓여 있는 버려진 비닐 중에 큰 걸 골라 카라반에 씌웠다. 가장자리는

카라반에 비닐도 씌우고 빨랫줄도 설치했다.

잘 여며서 돌로 군데군데 눌러놓았다. 실내가 제법 따뜻해지는구나 싶더니 쨍한 햇빛에 공기가 더워지면서 쾨쾨한 먼지 냄새가 카라반에 가득해졌다. 게다가 통으로 씌워놓은 비닐 때문에 환기도 안 되는 상황! 결국 창문을 열고 비닐 한쪽을 걷어 올렸다.

점심을 먹은 후 비닐을 마저 정리해 다독이고 신범이 카라반 뒤에 빨랫줄을 설치해주었다. 빨랫줄에 빨래를 걸어놓으니 낡은 카라반도 이젠 제법 집 같다.

휴식이 필요해

　빵과 샐러드로 점심을 먹고 시내에 나갔다. 쉬는 날 하이랜드 투어를 가기로 했는데 아침 일찍 출발하는 게 부담스러워 글래스고 시내에서 하룻밤을 보내기로 했다. 두근두근! 우리에게도 드디어 도시 문명의 혜택이!

　나오는 길에 검색해보니 이상하게 글래스고 시내에 숙소가 거의 남아 있지 않았다. 처음엔 숙박 예약 사이트가 잘못됐다고 생각했지만, 호스텔은 만실이고 호텔만 남은 데다 가장 저렴한 것도 10만 원이 넘었다. 설마설마하며 하이랜드 투어 예약을 위해 일단 투어리스트 인포로 향했다. 이것저것 비교해본 뒤 하이랜드 1일 투어를 예약하고 데스크에 호텔 예약도 부탁했다. 나름 저렴한 호텔을 알아봐줘서 결제를 하려는데 여행 경비 통장에 돈이 없었다. 이체를 하려고 했지만 시차 때문에 한국은 밤 열두 시라 은행 인터넷 뱅킹이 30분간 사용 불가 상태가 되어버렸다. 당황하다가 겨우겨우 이체하고 결제하려는 사이 방은 나가버리고 급한 마음에 그 호텔에 하나 남았다는 조금 비싼 패밀리 룸을 예약했다. 신범도 나도 따뜻한 물로 샤워할 수 있는 곳이면 된다는 마음으로 바로 결정했다.

호텔까지는 도보로 25분 정도 걸린다기에 기분 좋게 걸었다. 가는 길에 협동조합 마트에서 애플 사이다도 사고, 동네 큰 서점에 들러 책도 구경하고, 작은 가게에서 감자튀김도 사 먹으며 걷다 보니 다리가 아파질 즈음 호텔에 도착했다. 패밀리 룸은 어떤 곳일까? 문을 여는 순간 입이 떡! 벌어졌다. 침대가 무려 네 개! 둘 다 한참 아무 말도 할 수 없었다. 누구라도 부르고 싶었다. 뭐 어쩔 수 없지. 넓은 방을 한껏 즐겨주자는 마음으로 뜨거운 물에 샤워부터 했다. 침대에 누워 고급스럽고 거대한 이불의 폭신한 감촉을 즐기다가 저녁을 먹으러 나갔다. 근처 마트에서 지역 맥주를 샀는데 조금 더 걷다 보니 같은 맥주 브랜드에서 운영하는 펍이 보여 얼른 들어갔다. 인테리어도 분위기도 모두 멋졌다. 음식도 맛있고 맥주는 끝

시내에서 만난 인생 맥주. 외진 곳에서 지내며 느끼던
답답한 마음을 뻥 뚫어주었다.

내주는 그런 곳이었다. 며칠간 인터넷 세상과 단절되면서 느꼈던 박탈감, 외로움에 대해 털어놓기도 하면서 기분 좋은 시간을 보냈다.

—

투어 출발 시간이 오전 일곱 시 반이라 일찍 일어나야 한다는 생각에 자다가도 몇 번이나 깨서 시계를 봤다. 식당이 열리자마자 내려가서 조식을 먹었지만, 맛있는 음식을 충분히 먹지 못해 슬퍼하며 짐을 챙겨 호텔을 나왔다. 우리가 탈 하이랜드 투어 버스는 생각보다 작은 미니버스였다. 가이드는 스코틀랜드 전통 의상인 킬트를 입고 있었다.

눈을 반짝반짝 빛내며 앞쪽에 자리를 잡았지만 알아듣기 어려운 스코티시 악센트와 피로 때문에 점점 잠에 빠져들었다. 자다 깨다 하다 보니 어느새 창밖의 경치가 바뀌고 우리는 하이랜드에 있었다. 신범이 가장 기대했던 협곡 글렌코는 안개가 끼어서 제대로 보기 힘들었다. 우리는 단체 투어로 왔기 때문에 사진만 찍고 다시 차에 탔지만 주변에 하이킹하는 사람들도 많이 보이고 기차역도 보여서 신범이 많이 아쉬워했다. 차라리 하이킹을 왔다면 여유 있게 경치도 둘러보고 즐길 수 있었을 텐데. 갑자기 신범이 올해 안에 북한산 둘레길 종주를 하자고 했다. 안쓰러운 마음에 알겠다고 대답했지만 한국에 들어가면 올해는 한 달밖에 남지 않는다. 어떻게든 되겠지.

차를 타고 가며 주변 지역에 관한 설명도 듣고 중간중간 스코틀랜드 전통 음악도 들었다. 점심이 지나고 네스호에 도착했다. 가도 가도 끝이 보이지 않는 커다란 호숫가 옆 도로를 달리며 어렸을 때 과학 백과사전에서 보았던 네시*를 떠올렸다. 결국 네시 사진은 누군가의 자작극으로 밝혀졌지만 지금 이곳은 네시의 동네가 분명했다. 사방에 걸려 있는 간판과 그림들. 지금도 네시를 발견하면 현상금을 준다고 한다. 사람들이 아직도 네시라는 꿈을 꾼다고 생각하니 괜히 마음이 두근거렸다.

네스호를 보고 집으로 돌아오는 길은 무척 길었다. 하이랜드에서 로우랜드로 내려오며 차창 밖 풍경이 서서히 변했다. 하루가 순식간에 지나가버렸다. 글래스고에 도착하니 벌써 날이 어두워졌다. 기차를 타고 닐스톤으로 돌아와 플래시를 켜고 시골길을 걸었다. 카라반에는 냉기가 가득했다. 하루하루가 쉽지 않다. 생각보다 내가

---

* 네스호에 살고 있다는 전설의 목이 긴 괴물.

강하지 않아서, 외롭고 괴로워서 눈물이 났다. 도시의 편리함을 비판하지만 그게 없이는 살 수 없어 괴로워하는 나의 모습이 또 다른 괴로움이 된다. 나의 나약함이 날 더 나약하게 만들었다.

—

 여행에 지쳐서 늦잠을 자려고 했는데 더 일찍 일어나졌다. 오늘도 쉬는 날. 신범은 괴로워하다가 더 자라고 하니 꿀같이 잠들었다. 늦잠을 자고 점심을 먹고 짐을 바리바리 싸서 마을 카페로 나섰다. 평소엔 카페에 갈 일이 많지 않았는데 여긴 내 공간이 없으니까 자꾸 가게 된다. 한국에 있을 때 줄기차게 카페에 가는 사람들을 이해하지 못했는데. 이렇게 이해의 폭이 조금은 늘어난 걸까?
 전기 인간처럼 플러그에 온갖 전기기기들을 충전해놓고 며칠 뒤 가게 될 다음 농장 교통편을 예약했다. 스코틀랜드에 온 김에 에든버러에 이틀 정도 들러 여행을 하고 다음 호스트인 제인을 만나러 매틀록에 가기로 했다.
 들어가는 길에 마켓 가든 옆에 있는 번듯한 주택을 보며 저 집에 들어가서 샤워 한 번만 하고 싶다고 신범에게 이야기했다가 자꾸 불평한다고 한소리 들었다. 너무 속이 상했다. 카라반에 비닐도 씌워보고 화덕도 만들어보고 온실에서 샤워도 해보고 이곳에 적응하려고 이것저것 노력해봤다. 아무것도 하지 않으면서 힘들다고 토로한 게 아니다. 마음을 다잡으려 해도 잘 안 됐다. '힘들다고 하는 말을 심각하게 받아들이지 않은 사람이 누군데!' 하는 마음이 들어 울컥 눈물이 났다. 우리의 치열한 공방은 결국 내가 엄청 울고 난 뒤 신범이 사과하고 키스하면서 마무리되었다.

한 걸음씩!
농부의 삶

아침 아홉 시부터 잡초를 뽑고 비닐하우스에 물을 주고 있는데 루벤이 와서 해맑은 표정으로 오늘 오리가 들어온다고 하고는 어제 만들던 오리 장을 마저 정리하고 있었다. 버려져 있던 밴에 톱밥을 깔아 오리 집으로 사용하고, 오리들이 밖으로 나올 수 있게 팔레트와 종이 박스로 경사로를 만들고는 근처에 철망으로 울타리를 쳤다. 샤워실로 사용하던 플라스틱 박스는 오리들의 목욕통이 되었다. 곧 오리가 도착했는데 꽥!꽥! 어찌나 시끄러운지 근처에만 있어도 정신이 달아날 지경이었다. 엄청 허술해 보이는 우리에서도 도망가지 못하는 오리들이 신기했다. 꼭 완벽하지 않더라도 계속 새로운 일에 도전하며 하나씩 해나가는 루벤과 존이 이상해 보이기도, 대단

우리의 오래된 미래를 만나다, 영국

농장에 도착한 오리들.

해 보이기도 했다.

셀프 케이터링이지만 로카보어에서 원하는 식재료를 골라서 가져다 먹기도 하고, 그냥 이것저것 루벤이 먼저 가져다주기도 하는데 종종 색다른 채소들이 들어왔다. 이번에도 루벤이 노란 UFO처럼 생긴 정체를 알 수 없는 채소를 가져다주었는데 이름이 코제트라고 했다. 링컨에서 봤던 코제트는 우리나라 애호박에 가깝게 생겼었는데 이건 좀 다르다. 어떻게 먹어야 하나 고민하며 인터넷으로 검색하다가 코제트 토마토 처트니 레시피를 발견했다. 하우스 안에 토마토들이 워낙 방치되어 제대로 익은 열매가 몇 개 없었다. 대신 양파와 코제트를 듬뿍 넣어 처트니를 만들었다.

—

목요일에는 완두콩을 31kg 수확했다. 지난주 이미 13kg를 수확한 밭에서 지난주보다 더 많은 양의 완두를 수확하기 위해 완두 덩굴을 들었다 놨다 하며 뿌리부터 줄기 끝까지 샅샅이 뒤졌다. 자원봉사를 하러 온 마이크와 이런저런 이야기를 하던 중 마켓 가든이 어떻게 만들어졌는지 듣게 되었다. 지금 사용하는 토지는 5년 동안 임대해 농사를 짓고 있는 거라 5년 후 어떻게 될지 모르니 전기며 기반 시설을 제대로 다 갖추기가 어려웠다고 한다. 5년 후에 재계약을 하게 되면 풍력발전도 설치할 거고 우퍼들을 위한 수영장도 설치할 거라는 말에 엄청 웃었다. 그렇지만 수영장을 만들고 나면 다시 오라는 말에는 예스라고 대답할 수 없었다.

완두랑 케일 수확을 끝내고 가게로 이동해 채소를 포장하기 시작했다. 여섯 시 땡! 할 때까지 등이 아프도록 잎채소를 비닐에 담았다. 일이 끝나고 가게에서 이런저런 식재료를 받아 오는데, 어쩌면 노동에 대한 당연한 대가인데도 주어진 선택지 없이 이것저것 필요한 식재료를 달라고 요청하는 게 너무 어려웠다. 빵이나 버터는 필수 식품 같아 달라는 말이 나오는데 과일이나 요거트는 사치품인 것 같아 말하기 어려웠다. 어째서 이런 기준이 내 안에 있는 건지 도무지 모르겠다. 하지만 신범도 나름 비슷한 기준을 가지고 있는 것으로 봐서는 다들 비슷하게 생각할지도 모르겠다. 아니, 우리만의 성향인 걸까?

이른 새벽 로카보어로 출근했다. 어두침침한 가게 앞에서 샐러드용 채소를 한가득 들고 들어오는 드니스를 만났다. 함께 채소를 포장하며 알게 되었는데, 그녀는 크로프트에서 농사를 짓는 도시 농부면서 로카보어에서 자원봉사도 하고 있었다. 우리가 크로프트에 가보고 싶다고 하자 친절하게도 가는 길과 입구 자물쇠 비밀번호를 알려주었다. 일을 끝내고 근처 퀸즈 공원을 가로질러 크로프트를 찾아갔다.

크로프트는 로카보어에서 판매하는 농작물의 주요 생산지로 도심 안에 존재하는 자그마한 도시 텃밭이다. 로카보어는 이곳에서 사람들에게 농사를 가르치고, 직접 생산자가 되어보는 프로그램을 진행하며, 지역 주민들을 자원봉사자로 받아 텃밭을 함께 꾸려간다. 땅에 직접 작물을 심지 않고 나무로 틀을 짜서 흙을 채워 그 안에다가 작물을 키우고 있었다. 밭 주변으로는 정자와 퇴빗간이 있고, 작은 비닐하우스도 있었다. 드니스는 새벽에 이곳에 나와 샐러드용 채소를 따서 로카보어에 가져온 것이다. 생산자와 판매자가 이렇게 가깝다니! 가게에 걸려 있는 생산자 소개말에 텃밭이나 정원에서 직접 기른 작물을 공급하고 싶은 사람은 가게에 문의하라고 적혀 있던 게 떠올랐다. 로카보어는 생산자, 판매자, 소비자의 정체성이 혼재되어 있으면서도 여러 가지 역할을 잘 소화하며 네트워크를 단단하게 만들어가고 있다는 생각이 들었다.

—

　주말엔 닭들에게 밥과 물을 주고 하우스의 잎채소에 물만 주면 하루 일과가 끝이다. 여기선 작물들에게 매일 물을 주는데 우리가 서울에서 텃밭을 할 때는 주말에 한 번 가서 물을 줬으니 상추랑 케일이 얼마나 목이 말랐겠느냐고 신범이 이야기했다. 나는 노들 텃밭은 노지니까 괜찮았을 거라고 대답했다. 하지만 곰곰이 생각해보니 여기는 매일 물을 줘서 그런지 작물들이 빨리 자랐다. 그래서인지는 몰라도 잎채소들이 모두 싱겁고 맛이 다 비슷하다. 그나마 맛이 센 겨자채도 우리가 일반적으로 먹던 것에 비하면 맛이 약하다. 맛의 차이를 만들어낸 건 흙일까 물일까 씨앗일까?

비닐하우스에서 작물에 물을 주고 있다.

하우스에서 토마토를 몇 개 가져와 리코타 치즈 샐러드를 해 먹었다. 씻은 뒤 양말과 수건을 빨래해서 널어놓고 오후에는 도시 여행에 나섰다.

글래스고 중앙역까지 기차를 타고 가서 거리 마켓을 보기로 했는데 역시 스코틀랜드. 또 비가 오기 시작했다. 일단 바라스 마켓에 갔는데 상점들이 거의 다 문을 닫았다. 열려 있는 몇 군데 가게들을 둘러보다 근처에 있던 글래스고 그린 공원에서 밝은 햇살 아래 부슬비를 맞으며 산책을 했다. 클라이드 강변을 걸으며 챙겨 간 샌드위치를 먹고 다리를 건너는데 글래스고 구 시가지의 붉은 벽돌 건물들이 햇빛을 받아 빛나는 모습이 정말 아름다웠다. 몇 십 년은 된 듯한 벽돌의 빛바랜 색감과 오래됐지만 크고 아름다운 건물들이 나란히 서 있는 도시의 모습을 기억에 오래 남기고 싶었다. 사진으로 남긴다 해도 이 짧은 기간 동안 본 수많은 풍경들을 다 기억할 순 없겠지. 순간의 감상과 만족, 기쁨으로 지나갈 뿐. 그것만으로도 족한 걸까. 그걸론 부족한 걸까.

불편함이 익숙한 생활이여 안녕!

3주차가 되니 일도 일상도 모두 익숙해진다. 저녁을 챙겨 먹고 침대에 앉아 신범은 책을 읽고, 일지를 쓰고, 나는 뜨개질을 했다. 점점 추워지는 날씨에 대비해 챙겨 간 털실로 포근포근한 털모자를 떴다. 뜨개질을 하다가 또 책을 읽다가 신범과 함께 이야기했다. 지금 가진 돈으로 일 년은 더 지낼 수 있으니 돌아가서 바쁘게 돈벌이를 찾을 생각은 하지 말고 재미난 걸 해보자고. 이런 이야기가 겁 없이 입 밖으로 나오는 데 6개월이 걸렸다. 처음엔 돌아가서 무엇을 해야 할까 고민이 많았다. 다른 사람들이 물어보면 "가능하면 전에 다니던 회사로 돌아가려고요"라고 말하기도 하고, 신범은 여행 도중 같이 일하자는 제의가 들어왔지만 기간이 맞지 않아 안타까워하기도 하고, 돌아가서 '편의점 알바'라도 얼른 구해야 하나 싶기도 했었다. 뭐 하고 싶니? 뭐 할까? 이런 질문을 주고받으며 마치 이 여행에서 그 해답을 찾아야만 하는 것처럼 답이 안 나오는 질문에 답하려 애쓰고 끙끙거렸다.

그동안 여러 삶과 사람을 만나면서 나의 삶에 대입해보거나 이런 건 안 맞는 거 같으니 하지 말아야겠다는 생각도 해봤다. '자연을 생각하면서 삶을 꾸리려면 혹은 농사를 지으려면 무조건 시골로 내려가서 살아야 하는가?'라는 고민도 했는데 그러지 않고도 노력할 수 있다는 걸 제프와 힐러리를 보며 알게 되었다. 소신을 지키며 살아가는 용기 있는 모습과 인터넷 없이도 사람들과 즐겁게 소통하며 지내는 두 분의 모습이 신범에게도 다가가는 부분이 있었는지 우리도 SNS 말고 사람들을 직접 많이 만나보자고 다짐도 했다.

여행하면서 사람들에게 받은 환대와 희망, 긍정적인 에너지들이 쌓이면서 스스로에게 자신감이 생겼다. 이제야 미래에 대한 불안감을 좀 내려놓고 무언가를 결심하게 된 건지도 모르겠다.

아마 며칠 가지 않을 짧은 마음의 평화겠지만 계속 유지하려 노력할 것이다. 돌아가서 바로 일을 구하지 않을 거다. 외부 제안이든 우리가 직접 기획하든 재미있다고 느끼는 무언가를 하자. 그게 돈이 되면 좋고, 안 되도 재미있다면 계속해보자.

―

쉬는 수요일. 며칠 전부터 구상해오던 로켓스토브 화덕을 만들었다. 수돗가에 잔돌을 주워 와 깔고 벽돌을 올렸다. 처음엔 땅을 파려고 풀들을 베어내려 했는데 풀 층이 어마어마하게 두꺼워 방향 선회! 마켓 가든 곳곳에 널린 벽돌을 주워 캔과 함께 모양을 만들어보았다. 캔 하나는 납작하게 눌러 바람구멍을 만들고 캔 세 개는 펼쳐서 바닥에 깔고 옆면을 둘러 불길을 만들었다. 처음 계획했던 것과는 좀 달랐지만 토마토 캔 네 개와 벽돌 열네 개를 사용해 멋진 로켓스토브를 완성했다. 수돗가에 만들어 물을 데워 바로 씻을 수 있어 편리했다. 바로 물을 끓여 머리를 감고 빨래를 했다. 루벤이 아침부터 오가서 신경 쓰였는데 오히려 우리가 재미로 이런 걸 한다니까 본인도 재미있어 했다.

로켓스토브에 불을 붙이는 신범.

　로카보어에서 머무르는 마지막 주 목요일 오전에도 근대와 여러 잎채소들을 수확하고 가게로 이동해서 꾸러미 포장을 했다. 일을 마치고 나오며 루벤에게 물었다.
　"너에게 로카보어는 뭐야?"
　그러자 로카보어는 자신의 가게가 아니라고 대답했다. 텃밭을 가꾸다가 문득 좋은 음식들을 사람들과 나누고 싶었고 그래서 크라우드 펀딩을 받아 로카보어를 만들었고, 그러다 보니 가게에서 판매할 더 많은 식재료들이 필요해 또다시 크라우드 펀딩을 받아 닐스톤에 마켓 가든을 만들게 되었다는 것이다. 그냥 한 걸음, 한 걸음 내딛다 보니 그렇게 만들어졌다는 이야기였다. 루벤은 로카보어가 모두의 가게라고 했다. 성공한 CEO의 흔한 인터뷰 제목 같은 '모두의 가게'라는 말이 익숙하면서도 신기하게 들렸다. 정말 이곳이 모든 구성원의 가게가 될 수 있을까? 앞으로 그들이 로카보어를 어떻게 이어갈지 궁금해졌다.

퇴근하는 길, 손전등을 깜박하고 챙겨오지 않아서 걱정했지만 다행히 핸드폰 불빛으로 길을 밝혀 걸어갈 수 있었다. 컴컴한 길을 걷다 보니 하늘에 별이 가득했다. 정말 아름다운 밤하늘이었다.

글래스고를 떠나기 전날, 머물던 곳을 하나하나 정리하기 시작했다. 저녁을 먹고서 남은 채소, 과일들을 정리해 사과·당근잼도 만들었다. 잼을 끓이는 동안 신범은 짐을 정리했다. 그렇게 마지막 밤이 저물었다.

우리의 오래된 미래를 만나다, 영국

마지막 날 비닐하우스에서.

매틀록
이웃과 함께하는 제인의 시골살이

우여곡절 농장 찾아가기

'퍼머컬처(Permaculture)'라는 말이 있다. 영구적(Permanent)이라는 단어와 농업(Agriculture)의 합성어로 영속할 수 있는, 지속가능한 농업이라 보면 무리 없을 것 같다. 실은 이전부터 관심이 있었지만 잘 몰라서 퍼머컬처를 시도하는 농장에 가보고 싶다고 생각은 했는데 운 좋게도 퍼머컬처 원리들을 이용해 농장을 가꾸고 있다는 제인의 농장에 가게 되었다. 9월에 머물 농장을 구하지 못해 안달했는데 제인이 가장 먼저 답변을 주어 마음을 편하게 해줬다. 어떻게 찾아갈지는 생각도 안 하고 우리는 땡큐를 외쳤다!

로카보어에서의 3주가 끝이 나고 에든버러에서 이틀

간 휴식한 뒤 매틀록으로 가는 일정이었다.

 아침 여섯 시 반에 일어나 짐을 챙겨 터미널에서 버스를 타고 글래스고에 도착했다. 중간에 버스 사이드미러가 부서지는 사고가 나서 교체하느라 시간이 더 걸렸다. 다행히 많이 늦지 않아 느긋하게 갈아탈 버스를 기다렸는데 출발 2분 전에 우리가 다른 버스 앞에서 기다리고 있었다는 걸 알게 되었다. 뭔가 감이 이상해서 안내 데스크에 갔다가 예약한 버스가 터미널 반대편에 있다는 걸 뒤늦게 알았다. 캐리어를 끌고 e-ticket을 띄워놓은 아이패드를 손에 들고 저 멀리 보이는 버스를 향해 뛰었다. 티켓을 검사하는 아저씨가 버스에서 내렸다. '이제 출발하려나?' 엄청 긴장했는데 발은 느리고 심장은 터질 것 같고. 그래도 최선을 다해 뛰고 또 뛰었다. 다행히 나보다 빠른 신범이 먼저 가서 버스를 잡고 내가 오기를 기다려주었다. 둘이어서 천만다행이야. 엉엉.

 맨체스터에서 버스를 갈아타고 매틀록으로 가는 길이었다. 분명 예약할 때에는 아홉 시 매틀록 도착 예정이라고 했던 버스가 시간이 다 되어도 구글 맵에 뜨는 현재 위치는 매틀록에서 아직 멀리 떨어져 있었다. 기사 아저씨한테 물어보니 20분은 더 가야 한다는데. 제인과 약속한 시간이 지나서야 늦는다고 이메일을 보냈다. 더 충격적이었던 건 기사 아저씨가 매틀록 어디에 내릴 거냐고 물어보는 것이었다. 매틀록에 버스 정류장이 두 개라는데 도대체 어디에서 내려야 할지 몰랐다. 사방엔 불빛 하나 없이 컴컴한데 우리는 어디로 가야 하나.

 눈 딱 감고 두 정거장 중에 하나를 찍었다. 버스에서 내려 어둠 속을 두리번거리는데 누군가 우리를 불렀다. 다행히 우리가 내린 정류장에 제인이 기다리고 있어 극적으로 상봉할 수 있었다. 엄청 반가워하며 제인의 차에 올라타고 집으로 향했다. 오늘 하루 어떤 버스 여행을 했는지 신나게 이야기하다가 엉덩이가 축축해 깜짝 놀라 돌아보니 극적 상봉에 놀라 떨어뜨린 가방에 있던 피클병이 깨진 것이었다. 그것도 모르고 좌석 위에 고이 올려놓았으니. 가방에서 식초가 흘러나와 집으로 가는 동안 제인의 차 뒷좌석을 온통 적셔버렸다. 물도 아니고 식초물이라 냄새가 엄청나서 당황했는데 "괜찮아. 난 아이를 네 명이나 키워봤어. 웬만한 건 다 괜찮아"라고 말하는 제인. 이렇게나 관대한 어머니라니! 천사를 만난 것 같은 기분이었다.

우리가 머물 곳은 제인의 집에서 따로 떨어진 작은 별채였는데 주방, 화장실, 샤워실, 침실이 다 갖춰진 2층 건물이었다. 샤워기가 성능이 안 좋다고 걱정하기에 닐스 톤을 떠올리며 우리는 샤워기가 있는 것만으로도 감사하다고 말했다. 짐을 대강 풀고 폭신한 침대에서 꿀 같은 잠에 빠져들었다.

—

첫날 오전에는 농장에 어떤 작물을 어떻게 심고 가꾸고 있는지 함께 둘러보았다. 밭 위쪽 잔디밭을 넘어 더 올라가자 닭장이 있고 다른 사람들에게 분양한 공유 텃밭이 있었다. 농장의 모든 공간을 경작하기 힘들었던 제인은 랜드셰어의 일환으로 사람들에게 땅을 빌려주고 있었다. 우리 식으로 말하자면 텃밭 분양이고, 이곳의 시민 농장처럼 사용할 수 있는 건데 임대료는 일 년에 하루 정도 제인의 농장 일을 거들어주는 것으로 하고 따로 돈을 받지는 않는다고 했다. 텃밭들을 둘러보고 오솔길을 건너 과수원으로 갔다. 언덕에 있는 작은 과수원에는 여러 종류의 사과나무가 자라고 있었다. 다 큰 열매가 성인

엄지손가락만 한 크기의 크랩 애플부터 아기 주먹만 한 빨간 사과, 어른 주먹만 한 파란 사과 등 무릎까지 풀이 가득한 과수원에서 삐뚤빼뚤 자라고 있는 다양한 사과나무들. 제인은 나무를 심을 땐 심는 곳보다 남쪽에서 키운 묘목을 사면 나무가 추위에 적응하기 힘들다며 본인이 과수원을 만들면서 저질렀던 실수들을 이것저것 알려주었다.

농장을 다 둘러보고 잡초를 제거하며 첫 작업을 시작했다. 집 옆에 있는 무지개 모양의 화단을 정리하기 시작했는데 위쪽은 심어둔 녹비 식물을 잘라서 땅에 깔아주고 중간은 잡초를 제거한 뒤 다른 씨를 뿌릴 거라고 했다. 신범이 낫 비슷하게 생긴 큰 칼을 가지고 녹비 식물을 베어내고 나는 손으로 잡초를 뽑았다. 일하는 내내 제인의 강아지 리타가 공을 던져달라고 보챘다. 처음에는 한두 번 무시하다가 하도 보채서 공을 던져주기 시작했는데 강아지들이 공을 얼마나 좋아하는지 알게 되었다. 정말 어깨가 빠지도록 공을 던졌다.

비가 오기 시작해서 작업을 마무리하고 점심을 먹었

밭을 밟지 않기 위해 가장자리에 쪼그려 앉아 잡초를 뽑고 있다.
옆에서 공놀이하자고 리타가 보챈다.

다. 간만에 먹는 공산품 피넛 버터가 입에 착 달라붙는다. 제인이 만든 구스베리 처트니에 관심을 보이니 다른 종류의 처트니도 만들 예정이라며 함께 만들자고 제안했다.

  제인이 사용하는 농사용 달력을 구경했다. 꽃 심기 좋은 날, 과일 심기 좋은 날 하는 식으로 표시가 되어 있고 달의 모양이 그려져 있었다. 나무는 달이 이지러질 때 자르는 게 낫다고 한다. 달이 차오를 때는 달의 힘으로 나무가 물을 빨아올리는 힘이 강해져서 몸체가 더 단단해지기 때문이라는데 아, 어렵다(나중에 돌아와서 보니 슈타이너라는 사람이 창시한 '생명역동농법'이라는 이름으로 우리나라에서도 사용하는 달력이었다). 그래도 여러 지역을 다니며 사람들이 쓰는 다양한 농사 달력들을 보는 재미가 있다. 작물의 파종과 수확 시기를 표시한 것도 있고, 시기마다 주된 작물에 대해 기록한 것도 있다. 한국에도 이런 농사 달력이 있을까 하는 궁금증이 생겼다.

난생처음 사과주스 짜기

요가로 시작하는 아침. 요가를 하다 보면 원인 모를 피로감도 좀 사라지려나. 오늘은 러너빈 처트니를 만들기로 해서 나는 연한 껍질콩을 골라 얇게 썰고, 신범은 양파를 썰며 눈물을 흘렸다. 콩 1kg에 양파, 와인 식초, 겨자, 설탕 등을 넣고 몇 시간을 끓였다. 처트니가 끓는 동안 신범과 나는 라즈베리를 따러 갔다. 라즈베리는 보통 초여름쯤 수확하는데 이곳은 개량종인 가을 라즈베리를 키우고 있어 지금이 한창이었다. 보통 베리 나무에는 가시가 있는데 가시가 없는 개량종 라즈베리도 있었다. 가시 없는 나무에서 자란 라즈베리는 가시가 있는 것보다 맛이 덜하다는데 먹어보니 정말 좀 싱거웠다. 개량종이라 그런 걸까, 아니면 자신을 보호할 방도가 사라져 열매

우리의 오래된 미래를 만나다, 영국

나무 밑에 잔뜩 떨어져 있는 사과.

가 맛이 없어진 걸까?

라즈베리 다음에는 바람에 떨어진 사과를 주웠다. 사과나무 아래에는 사과가 많이 떨어져 있었다. 두 바구니가 가득하도록 사과를 주워 왔더니 약불에 올려놨던 처트니가 완성되어 있었다. 오후에는 다시 과수원에 올라가 떨어진 사과들을 줍고 Katy라는 이름의 빨간 사과와 쿠킹 애플 한 종류를 수확했다. 멀쩡한 것은 판매용, 흠이 난 건 따로 골라 주스용으로 보관했다. 제인은 집 앞에 저울과 사과를 놓고 자율판매를 하고 있었다. 유럽의 작은 농장들 앞에서는 종종 자율판매대를 볼 수 있는데 처음에는 잘 이해가 가지 않는 광경이었다. '뭘 믿고 여기에 덩그러니 작물들을 두는 거지?' 하지만 실제로는 다들 착실하게 무게를 재어 돈을 놓고 간다.

새로 따 온 사과를 자율판매대에 정리해놓고 혹시라도 멍이 들거나 망가진 사과가 없는지 확인한 뒤 일을 마무리했다. 네 시 작업 종료. 집에 와서 마른 빨래를 정리하고 양말을 꿰매고, 일기를 쓰고, 저녁 준비를 도우러 본 채 부엌으로 향했다. 저녁 메뉴는 피자. 나는 야채를 썰고 제인은 제빵기에 반죽을 했다. 도우에 양파, 파프리카, 양송이, 토마토를 썰어서 올리고 치즈를 뿌려 오븐에 넣었다. 구수한 냄새! 피자가 완성될 동안 샐러드를 만들고 신범을 불러왔다. 제인네 막내인 샘도 일을 끝내고 들어왔다. 넷이 먹는 맛있는 저녁. 피자를 너무 욕심내서 후식인 라즈베리를 먹을 수 없었던 게 조금 슬프긴 했지만.

―

아침을 먹는데 전화가 왔다. 근처에 사는 제인의 친구 에이든이 오전 열한 시쯤 사과 주스를 짜러 온다고 했다. 두근두근! '주스를 드디어 짜보는구나!'

밭에서 한창 작업을 하고 있는데 에이든이 왔다. 어제 주워놓은 사과를 꺼내 주스 짤 준비를 하는데 에이든이 뭔가를 창고에서 꺼내 조립하기 시작했다. 직접 만든 프레스기였다. 텃밭에서 잡초를 뽑을 때 쓰는 커다란 통을 하나는 사과를 세척할 때, 하나는 사과를 으깰 때 사용할 거라고 해서 대충 헹궈 준비해놓고 함께 프레스기를 조립했다. 내가 사과를 씻고 망가진 부분을 도려내 통에 담으면 신범이 절굿공이 같은 걸로 으깨어 프레스기에 넣고 에이든이 눌러서 주스를 짜냈다. 사과를 열심히 씻는 우리에게 너무 까탈스럽게 군다고 웃으며 말하는 제인과 에이든을 보니 HACCP 마크가 달린 큰 공장의 철저한 위생 시스템 같은 걸 바란 건 아니지만 왠지 충격적이었다. 우리가 맛있어하며 몇 통이고 마셔버렸던 사과 주스가 대충 씻어 만들어지는 것이었다니! 이렇게 짠 사과 주스를 가지고 애플 사이다를 만들기도 하는데 사이다가 되려면 사과 껍질에 붙어 있는 자연 효모가 필요해 일부러 빡빡 씻지 않는다는 설명을 나중에야 들을 수 있었다.

제인네 사과 다음엔 에이든이 가져온 사과로 주스를 짰다. 사과 종류가 다르니 주스 색도 다르다. 사과 종류가 다양하다는 게 낯설었다. 독일에서 만났던 사과 가게인 아펠갤러리도 떠올랐다. 이곳은 기본적으로 그냥 먹는 사과와 요리에 사용하는 사과를 구분하고, 그 안에서도 제각기 다른 특징을 가진 사과들이 여러 종류로 나뉜다. 겉보기에도 조금 다른 사과들을 한 조각씩 잘라 맛보았다. 아주 작은 차이일 뿐이지만 혀끝에 전해 오는 느낌이 달라서 좋았다.

사과주스를 짜는 에이든과 다양한 종류의 사과들.

가을을 한껏 느껴봐

 자연이 아름답기로 유명한 영국의 고원 지대인 피크 디스트릭트에 매틀록이 위치하기도 했고, 산을 좋아한다는 말에 제인이 지도까지 빌려주면서 가볼 만한 곳을 여기저기 추천해주자 신범은 아주 신이 났다. 매일매일 아침저녁으로 지도를 들여다보다가 쉬는 날이면 당연한 듯이 주변을 하이킹했다. 경사가 심한 곳은 힘들다고 단호히 말하는 내게 제인은 몬살 트레일을 추천해주었다. 매틀록 근처의 베이크웰이라는 마을에서부터 시작하는 이 트레일은 과거 기찻길이었기 때문에 경사가 거의 없어 어린아이부터 몸이 불편한 사람까지 누구나 이용이 가능하다. 군데군데 기차역으로 사용했던 곳에는 주차장이 마련되어 있어 접근성도 높았다.

샌드위치를 만들고 사과와 쿠키를 챙겨 버스에 탔다. 베이크웰에 도착해 방문객 센터에서 지도와 엽서를 사고 버스시간표를 챙긴 후 복작복작한 시내를 둘러보았다. 농부 시장이 열리는 토요일이라 그런지 사방에 작은 장터들이 열려 있고 사람들도 꽤 많았다. 참새가 방앗간 들르듯이 농부 시장에 들러 신나게 구경했다. 시장에서는 야채, 빵, 고기 등 다양한 지역 물품을 팔고 있었는데 시식할 수 있는 곳도 있어 흥미진진했다. 하지만 짐을 늘릴 수 없어 점심과 함께 바로 마실 동네 맥주만 한 병 사서 길을 나섰다. 지도가 무척 세심하게 되어 있어 베이크웰 주변의 트레일들이 다 표시되어 있었다. 아마 예전에는 기찻길 위로 놓여 있었을 다리를 건너 옆으로 내려가 트레일로 들어섰다. 오래된 길이라 그런지 주변에 커다란 나무들이 자리를 잡고 있었다. 우리가 처음 유럽에서 숲을 접한 게 막 새순이 돋을 무렵의 봄이었는데 어느새 여름이 지나고 가을이 물씬 느껴졌다.

자전거를 타는 아이들, 유모차를 끌고 나온 부부와 삼대가 함께 걷고 있는 대가족을 보니 흐뭇한 미소가 지어진다. 문득 서울의 경의선 숲길도 이처럼 모두가 함께 나눌 수 있는 공간이 되었으면 좋겠다고 생각했다.

한참을 걷다 보니 터널이 나왔다. 터널을 걸어서 통과하다니 기분이 묘하다. 캄캄한 터널을 벗어나니 깊은 계곡 위를 지나는 다리가 나오고 양옆으로 근사한 경치가 펼쳐져 있다. 이 지역의 관광 엽서에도 나오는 유명한 풍경이다. 산과 산 사이로 지나가는 기차의 모습은 이제 볼 수 없지만 우리는 그 풍경 안으로 직접 걸어 들어갈 수 있게 되었다.

계속 길을 걷다가 옆에 평평하게 허리 높이로 길게 이어져 있는 콘크리트 구조물을 발견하였다. 옛날 플랫폼으로 쓰이던 곳 같았다. 사람들이 플랫폼에 걸터앉아 간식을 먹거나 대화를 하며 쉬고 있었다. 모든 걸 다 뜯어내고 새로 만드는 게 아니라 예전의 모습을 살려 조화롭게 만들어진 길이다.

경치에 감탄하며 한참을 걷다 보니 길 끝에 다다랐다. 이 동네에선 매틀록으로 바로 가는 버스가 없어 일단 아무 버스나 잡아타고 기사 아저씨께 매틀록으로 가는 버스를 탈 수 있는 곳에 내려달라고 부탁했다.

피크디스트릭트의 꼬불꼬불한 산길과 작은 마을들을

우리의 오래된 미래를 만나다, 영국

폐쇄된 철교가 그대로 남아 있는 몬살 트레일.

지나 우리가 내린 곳은 배슬로우라는 곳이었다. 만약 버스가 없으면 전화하라는 제인의 말이 떠올라 급하게 전화를 하고 문자를 보내봤지만 대답이 없다. 주말이라 이곳에도 버스가 뜸한지라 낯익은 베이크웰로 가는 버스에 무작정 올랐다. 그러나 베이크웰에서도 거의 두 시간 후에 출발하는 막차 하나만 남은 상황이었다. 어쩔 수 없이 동네 펍에 들어가 저녁을 먹으며 버스를 기다리기로 했다. 막 음식을 시키고 나니 제인이 전화해 '데리러 갈까?' 하고 묻기에 그냥 밥 먹고 버스를 타겠다고 말한 뒤 외식을 즐겼다.

집에 돌아오기까지 긴장했는지 결국엔 위경련이 왔다. 고생은 좀 했지만 집에 무사히 돌아왔으니 됐다.

—

다시 일을 시작하는 월요일. 온실에서 토마토 잎을 정리하며 하루 일과를 시작했다. 잎이 너무 많으면 과도한 수분 증발로 온실 안에 습기가 가득 차기 때문에 잎을 제거해야 한다고 했다. 잎을 따고, 토마토를 수확하고, 토마토가 너무 자라 부러지거나 꺾인 가지들을 정리해서 붙잡아 맸다. 토마토 작업을 완료하고 커피와 함께 휴식을 취한 후 감자를 캤다. 감자의 줄기와 잎사귀들을 뽑아내고, 땅을 파서 감자를 캐내 잠시 말린 후 상처가 있는 것과 없는 것을 구분해 포대에 담았다. 상처 없이 깨끗한 감자들은 창고에 들어가 겨울까지 저장하고, 상처가 있는 감자들은 먼저 먹을 거라고 했다. 매의 눈으로 상처가 있는지 없는지 살펴보며 선별을 얼마나 엄격히 해야 하는지 고민했다.

랜드셰어 텃밭을 사용하는 이웃인 헬렌이 와서 점심을 함께 먹으며 이야기를 나누었다. 헬렌도 캐나다에서 우핑을 하며 여행을 다녀본 적이 있다고 했다. 우프와 비슷하게 농사일을 해주고 숙식을 제공받는 Helpx라는 웹사이트가 있다고 소개해주기도 했다.

호박을 따고 오후 일을 마쳤다. 생각난 김에 구스베리 처트니 레시피를 일기장에 옮겨 적었다. 한국에는 구스베리가 없으니 똑같은 걸 만들 수는 없겠지만 다른 재료를 사용해 한국화해서 만들어보면 재밌겠다.

저장 식품을 만들자

안개가 심해서 오전에는 밖에서 작업할 수가 없었다. 토마토 처트니를 만들어보려고 어제 딴 토마토와 지난 주에 딴 쿠킹 애플을 가져와서 다듬었다. 토마토와 사과 껍질을 벗기고 잘게 썰어 큰 냄비에 담아 식초, 설탕, 향신료를 넣고 끓였다.

해가 올라오니 안개가 금세 걷힌다. 커피를 한잔하고 밭으로 나섰다. 신범은 콩밭 근처의 녹비 식물을 베어 땅을 덮고 나는 제인과 함께 잡초를 뽑았다. 양배추를 닭에게 가져다주고 따뜻한 햇살 아래에서 점심을 먹었다. 피넛버터와 훔무스*, 삶은 비트의 궁극의 조합을 발견했

* 병아리콩을 으깨어 만든 음식으로 중동 지역의 대중음식이다.

녹비 식물 중 하나인 머스타드를 베어서 그 자리에 바로 덮어줬다.

다. 진짜 너무너무 맛있다. 그런데 신범은 고개를 절레절레…. 내 입에만 맞았다.

오후 작업도 얼른 마무리하고 제인의 저장 식품 요리책을 빌려다가 베끼기 시작했다. '나중에 집에 가서 정리해야지' 하는 생각에 힘든 줄도 모르고 옮겨 적었다. 제인은 필라테스를 다녀온다고 집을 나섰고 덕분에 나는 부엌에 있다가 저녁 메뉴를 시간 맞춰 오븐에 넣고 꺼내는 중대한 임무를 맡았다. 애플 푸딩과 시금치 키쉬. 다행히 이번에는 태우지 않고 완성했다. 과식해서 배가 아플 지경으로 맛있게 잘 먹었다. 밥을 먹으며 이야기를 나누는데 제인은 작물에 인공적으로 물을 주지는 않는다고 했다. 수돗물을 작물에 주는 것도 별로 좋지 않을뿐더러 농장이 커서 혼자 모든 작물에 물을 줄 수도 없기 때문이라고 했다. 또한 잔혹하지만 물을 주지 않으면 작물들 스스로의 힘으로 살기 위해 뿌리를 더 깊게 뻗는다고 했다. 하지만 모종을 심었을 때는 며칠간 물을 주기도 하는데 빗물 통에 받아둔 물이나 연못에 있는 물을 물뿌리개로 준다고 했다. 제인의 집은 부엌에서 사용한 물이 집 아래쪽에 있는 갈대 연못으로 모여 어느 정도 정화된 후 빠져나가도록 되어 있는데 수돗물 대신 이 연못의 물을 식물들에게 준다는 것이다. 최대한 인위적인 것을 배제하고, 자연과 함께 순환하려는 그녀의 노력을 알 수 있었다.

―

양파의 사촌 정도 되는 샬롯으로 피클을 만들기로 한

날. 생긴 건 날씬한 양파 같지만 샬롯은 껍질이 잘 안 벗겨졌다. 일단 샬롯을 따뜻한 물에 담가 약간 불린 후 껍질을 벗겨냈다. 신범은 눈물을 흘리며 괴로움을 호소해 제인과 교대했고, 나는 눈물과 콧물을 쏟으며 제인과 함께 껍질 까기를 끝냈다. 샬롯을 접시에 펴놓고 소금을 뿌려 이틀간 재워둔다. 그다음엔 소금을 씻어내고 식초와 향신료를 더해 병에 넣으면 끝이다. 오늘은 소금 뿌린 샬롯을 부엌 창틀에 얹어두고 마무리했다.

오후에는 라즈베리 가지치기를 하고 휘청거리는 가지들을 묶어 정리했다. 신범은 잔디를 깎고 나는 딸기밭에서 잡초를 뽑으면서 리타에게 공을 몇 번 던져줬더니 오후 내내 나를 따라다녔다. 공 던지기용 근육이 필요해.

저녁을 먹으며 우리도 이런 농장을 갖고 싶다고 이야기하자, 제인도 예전에는 런던에 살았는데 농사를 지으며 살고 싶어 매틀록 근처로 이사해 작은 정원을 가꾸며 살다가 이 농장을 사서 옮겨 왔다고 했다. 오랜 시간 일을 하며 노후를 대비해온 분들이라면 충분히 가질 자격이 있는 좋은 곳인 것 같았다. 한편으로는 기반이 없는 젊은이들에게는 도시에서 집을 마련하는 것만큼이나 시골에 자리를 잡는 것 또한 쉬운 일이 아니겠구나 하는 생각도 들었다.

—

 토마토 처트니, 샬롯 피클, 사과 처트니로 이어지는 저장 식품 만들기 주간인가 보다. 오늘은 사과 처트니를 만들기로 했다. 사과와 양파, 식초, 설탕, 소금, 고추, 생강을 넣고 큰 냄비에 팔팔 끓였다. 딸기밭에서 잡초를 뽑다가 다시 들어가서 살펴보았더니 불이 좀 셌는지 사과가 물러지기도 전에 수분이 다 날아간 듯한 모양새였다. 하지만 맛은 최고! 집에서 꼭 해보고 말리라.

 저녁을 먹고는 레저 센터에서 제인과 라인 댄스 수업을 듣는 사람들이 와서 함께 연습을 한다고 하길래 나도 같이 해보기로 했다. 여덟 시부터 거실에서 네 사람이 모여 라인 댄스를 추는데 공간도 비좁고 춤 순서도 잊어버리기 일쑤였지만, 다시 머리를 맞대고 앞뒤를 맞춰보면 어느새 한 곡 동작이 다 만들어져 있었다. 한 시간, 두 시간 양말 바닥은 점점 시꺼멓게 변해갔지만 정말 정신없이 즐거웠다. 친구들과 뭔가를 함께 배우고 즐기는 소소한 시골 마을의 시간. 이 또한 지역마다 문화 시설이 잘 마련되어 있기에 가능한 것이다. 한국 농촌에서는 농사가 돈벌이가 되지 않아 사람이 줄어들고, 사람이 줄어드니 문화 시설이나 교통 시설은 점점 더 사라져 살기 불편해지고, 그래서 또다시 사람이 줄어든다고 들었다. 우리도 서울을 벗어날 생각을 할 때면 친구들과 떨어져 지내야 한다는 것과 동네에 우리 또래의 사람이 있을까 싶어 걱정을 많이 했다. 영화관이며 기타 문화 시설이 부족하리라는 건 충분히 예상되는 부분이었지만 말이다.

며칠간 살아본 제인의 집에는 항상 친구들이 모여들었다. 한번 상상해본다. 돈을 많이 벌지 못해도 친구가 있고, 함께 나누고 즐길 거리가 있는 곳이라면 누구라도 잘 살 수 있지 않을까.

땅속에 탄소가 한가득

피크디스트릭트 지역엔 '무어'라고 불리는 지대가 있는데 주말에 여러 트레일 중 스탠턴 무어에 있는 '나인 우먼 스톤 서클'에 가기로 했다. 제인이 딸을 만나러 가는 길에 차로 태워다주기로 했고 내려오는 길에 있는 윈스터 마을에서 버스를 타면 바로 집으로 올 수 있어 이동에 부담이 적었다.

차에서 내려 안개가 낀 트레일을 향해 걷기 시작했다. 처음엔 평범한 숲처럼 보였는데 안으로 들어가자 키 큰 나무들은 별로 없고 낮은 덤불이나 관목이 주를 이루는 평지가 이어졌다. 회색, 갈색, 분홍색, 어두운 녹색. 한국에서는 보지 못했던 꽃과 나무들을 구경하며 발걸음을 옮겼다. 겉으로 보기엔 황무지나 목초지 같은 느낌인데

우리의 오래된 미래를 만나다, 영국

스탠턴 무어에 있는 관목과 덤불들이 만들어내는 독특한 풍경.

무어 지대의 땅속에는 피트가 많이 묻혀 있다고 한다. 탄화된 이끼인 피트는 석탄의 일종으로 비료나 연료로 많이 사용되는데 이곳의 피트 지대에 있는 탄소 보존량이 영국, 프랑스에 있는 모든 숲을 합한 것보다 많다는 안내판이 있었다. 아무리 나무들이 공기 중의 이산화탄소를 흡수한다 해도 영국, 프랑스의 숲속 전체 탄소 보존량보다 이곳에 묻혀 있는 양이 더 많다면 나무를 더 심어 이산화탄소를 흡수하는 것보다 차라리 이곳의 피트를 사용하지 않는 게 낫겠다 싶다.

트레일은 생각보다 짧아서 한 시간도 안 되어 끝났다. 집으로 돌아가다가 잠시 길을 잃었다. 영국은 국립공원도 개인 사유지거나 방목지인 경우가 많아 돌담이 쳐져 있고, 사람들이 다닐 수 있는 길은 퍼블릭 풋패스라고 이정표로 표시되어 있다. 조금 돌더라도 도로를 따라 걷자 싶어 차도를 따라 걷다가 지도를 보고 방향을 틀어 들판으로 들어섰다. 분명히 지도를 보며 가는데도 순간순간 숲에서 길을 잃거나 풀을 뜯고 있는 소와 갑자기 마주치곤 했다. 담장을 따라 돌면서 문을 찾거나 반대편에 오는 사람을 붙잡고 길을 물어보기도 하며 겨우 윈스터에 도착해 버스를 탔다.

매틀록 시내에 도착했다. 매틀록역 근처 헌책방에서 갖고 싶었던 오래된 채식 요리책을 하나 사고, 골동품 가게에선 영국에서 빵에 버터랑 잼을 발라 먹으며 갖고 싶었던 역시 오래된 단순한 디자인의 버터나이프와 작은 티스푼을 하나씩 사고, 영국 느낌이 물씬 나는 작은 접시도 하나 기념으로 장만했다.

하루 종일 걷느라 집에 거의 다 왔을 땐 허기가 져 금방이라도 쓰러질 것 같았다. 집에 들어서자마자 급하게 먹을 걸 몸에 넣어주고 특식으로 라면을 끓여먹었다. 라면에 밥도 조금 곁들이니 또 금세 행복해졌다. 아, 행복이란 포만감에서 오나 보다.

제인의 집에 머물기로 한 기간도 이제 하루밖에 남지 않아 제인의 친구인 헤더의 농장에 가보기로 했다. 다른 나라에서 우프를 해보고 돌아와 농사를 짓기로 결심했다는 헤더는 꽤 넓은 크기의 농장을 운영하고 있었다. 농장 한쪽은 수입원인 샐러드용 채소 농사를 짓고 한쪽은 캠핑장으로 운영했다. 그리고 꽤 큰 면적에 포레스트 가

우리의 오래된 미래를 만나다, 영국

매틀록에서 결혼 2주년 기념사진을 찍었다.

든(산림 텃밭)을 실험적으로 만들고 있었다. 헤더와 함께 농장을 한 바퀴 둘러보고선 과일 나무에 말똥 거름을 주는 일을 했다. 신문지를 깔고 인근 농장에서 가져온 잘 숙성된 말똥을 나무 주위에 둘러 주며 잘 자라라고 기원했다. 그렇게 매틀록에서의 3주가 끝났다.

토트네스
주말농부, 사라와 데이브

조금은 더 현실적인

제인과 리타와 작별 인사를 한 후 기차를 타고 링컨으로 향했다. 우리에게 다시없을 좋은 인연이었던 제프와 힐러리를 또 한 번 만나러 가는 길. 다음 호스트를 만나기 전에 3일 동안 링컨에서 보내기로 했다.

다시 만난 제프와 힐러리는 역시나 반가웠고 이제는 함께 일하는 것이 너무도 자연스러웠다. 여름에 말로만 듣던 애플 사이다를 함께 만들고, 우리가 물을 줬던 옥수수와 호박으로 맛있는 식사도 하면서 몇 달간의 여행에 대해 이야기를 나누니 사흘이 금방 지나갔다.

떠나는 날 아침부터 힐러리는 도시락을 챙겨주느라 분주했다. 제프도 슬며시 말린 사과를 챙겨 줬다. 떠나는 날은 늘 진한 아쉬움이 남는다. 마지막 차를 마시며 아무렇지 않게 식탁에 둘러앉아 소소한 수다를 한 바가지 떨고 일어났다. 힐러리는 집에 남았고 제프가 우리를 데려다주러 나섰다. 힐러리를 꼭 안고 돌아서는 길. 또 울컥 눈물이 맴돌았다. 아무렇지 않은 표정으로 역에 도착했지만 꼭 안아주는 제프의 손길에 다시 눈물이 난다. 영국이 우리 집과 가까웠으면 좋겠다. 돌아가서 얼른 나무도 많이 심고 돈도 모아서 나중에 아이랑 같이 오면 좋겠다고, 두고두고 올 수 있었으면 정말 좋겠다고 생각했다.

　기차를 타고 셰필드로 향했다. 기차를 갈아타고 좁은 짐칸 공간에 캐리어를 우겨넣은 후 도시락을 꺼내 먹으며 두 사람을 떠올렸다. 자다 깨다 사람 구경도 하고 책도 읽고 하다 보니 어느새 네 시간이 흘렀다. 제프가 대학을 다녔다는 엑서터역에서는 젊은이들이 많이 탔다. 창밖으로 갑자기 나타난 바다에 눈을 호강시키다가 자그마한 토트네스역에 도착했다.

　우르르 내리는 사람들 사이에서 '누가 사라일까?'고

민하고 있는데 금발의 작고 단단해 보이는 여성이 반갑게 인사를 건네왔다. 어떻게 우리를 알아봤을까 하는 궁금함은 이내 풀렸다. 주변에 우리 말고 동양인 커플은 그리 많지 않았으니까.

토트네스 근교 오래된 물레방앗간과 건물 몇 채가 들어선 개울가에 사라의 집이 있었다. 2층 손님방에 짐을 풀고 차를 마시며 집에 대한 설명을 들었다. 물레방아 때문에 보호 건물로 지정되어 있어 건물 개조가 어려웠는데 최근에 겨우 패시브 하우스로 개조해서 쓰고 있다고 했다. 패시브 하우스란 에너지 낭비를 최소화한 건물을 말한다. 오래된 돌벽과 새롭게 추가한 거실 부분이 잘 어울리는 집이었다. 예전에는 단열이 잘 안 돼 엄청 춥게 지냈는데 지금은 태양열을 이용해 따뜻한 물도 사용하고 화목 난로로 난방도 할 수 있게 되었다고 했다.

사라 부부는 주중에는 각자 일을 하고 주말에 농장을 가꾸고 있어 주말에만 우퍼를 받았다. 우리는 금토일을 함께 일하고 월요일 하루를 쉬면서 머무르기로 했다.

직장 생활과 농장 일을 병행하는 그들의 삶은 확실히 연금이 나오는 나이 든 분들과 달리 우리에게 현실적이고도 가까운 미래로 느껴졌다.

―

　첫날 아침에 일어나 부엌에 내려가니 피곤한 얼굴을 한 남자가 하이! 인사한다. 사라의 남편 데이브인가 보다.
　오전 아홉 시부터 나무 담장 정리 작업을 시작했다. 긴 조경용 가위와 톱을 들고 집 바깥쪽 담장을 일정한 높이로 잘랐다. 사라의 말에 따르면 가지를 자르면 나무가 죽는 게 아니라 더 잘 자란다고 하던데 나는 도시에서만 살아서 이런 식으로 나무 담장을 가꿔보는 게 처음이었다. 담장에는 여러 종류의 나무들이 있었지만 개암나무가 대부분이었다. 보통 2년에 한 번 자른다는 개암나무는 가지를 자르면 그 자리에 가지가 여러 개 나와 담장이 두터워진다고 한다.

　경사면에 서서 높이 자란 나뭇가지를 향해 톱질을 하니 아픈 건 팔이요, 불안한 건 내 자세인지라 나무에 거의 매달리다시피 작업을 했다. 길옆으로 이어진 긴 담장을 보며 언제 다 하나 싶었는데 셋이서 일하다 보니 꽤 진도가 빠르게 나간다. 자른 나뭇가지들은 한군데 모아 놨다가 가이폭스의 날* 모닥불을 피울 때 사용할 거라고 해서 한쪽에 긁어모아 쌓아두었다. 담장을 반쯤 정리한 후 티타임을 가졌다. 차를 마시고 담장의 나무를 마저 자르고는 올해 농사가 끝난 밭에 카펫을 깔아 덮어주었다. 이곳에서는 겨울을 대비해 밭에 울 카펫을 많이 깔아주는데, 집에서 사용하던 낡은 카펫을 교체하면 그것들을 주워 텃밭에 쓰는 사람이 많은 듯했다.

* 1605년 의회를 폭파시키려다 처형당한 가이폭스를 기리는 행사.

함께 즐기는
자연의 아름다움

둘째 날은 아침부터 몸이 쑤셨다. 장작을 쌓아둘 창고를 짓는다고 해서 신범은 데이브와 함께 재료를 준비하고 나랑 사라는 땅을 고르고 근처 나뭇가지들을 잘라 창고를 만들 공간을 준비했다. 재료는 집을 리모델링할 때 사용하고 남은 목재와 벽돌, 팔레트 등이었다. 벽돌과 타일을 주워 바닥에 깔고 상태가 괜찮은 나무 팔레트를 골라서 옮겨놓은 뒤 신범과 데이브가 윗 부분을 만드는 동안 사라와 나는 창고를 채울 장작용 나무를 가지러 숲으로 들어갔다. 숲을 정비하며 나온 큰 나무 토막들을 얻어다가 쌓아놨다고 했다. 우리는 외바퀴 손수레로 그 나무들을 가져다가 도끼로 패서 장작으로 쓸 수 있도록 작게 만들었다. 나무토막들도 꽤 크고 무거워서 옮기기 힘들었지만 그걸 커다란 도끼로 패는 건 더 엄청나게 힘든 일이었다.

사라는 꽤나 능숙하게 도끼질을 했다. 옆에서 나무를 옮기며 보조 역할을 하던 나는 용기를 내 도끼를 잡아보았다. 링컨에서도 느꼈지만 길고 무거운 도끼는 머리 위로 들어 올리기도 힘들었다. 다리를 찍을까 봐 힘껏 내리치는 것도 무서웠지만, 있는 힘껏 내리쳐도 나무는 쉽

장작 패는 데도 요령이 필요하다.

게 쪼개지지 않았다. 사라는 나무가 썩으면 잘 쪼개지지 않는다고 했다. 힘이 부족한 건지 요령이 없어서인지 도끼가 자꾸 나무에 박혀버려서 박힌 도끼날을 빼는 것도 힘이 들었다. 한참을 끙끙대다가 어느 순간 제대로 도끼가 박혀 들어가 쩍! 하고 나무가 쪼개질 때는 쾌감이 느껴졌지만 안타깝게도 그런 순간은 몇 번 되지 않았다. 몇 번을 내리찍어도 안 쪼개지는 나무토막은 남성들의 도움을 받아야 했다. 쪼갠 장작들을 완성한 나무 창고에 차곡차곡 쌓았다. 모든 에너지를 불태운 기분이었다.

오후에는 다트무어 국립공원 안쪽에 있는 듀워스톤에 가기로 했다. 지도를 좋아하는 신범과 데이브가 어제 저녁 지도 삼매경에 빠져 얘기를 나누다가 신범이 다트무어에 가보고 싶었다고 하니 데이브가 오늘 일 끝나고 가자고 얘기하는 바람에 예상치 못한 여행을 하게 된 것이다.

데이브의 차에 타고 꼬불꼬불한 시골길을 어마어마한 속도로 달렸다. 나무 담장이 머리 꼭대기까지 자라 길 옆으로는 아무것도 보이지 않고 좁은 길은 차 한 대만 가까스로 지나갈 정도인데도 데이브는 운전 속도가 꽤나 빨랐다.

듀워스톤은 아름답고, 오래된 나무들로 가득한 숲이었다. 올라가는 길이 경사져 있는데도 길이 잘 만들어져 있다 싶었는데 근처에 있는 채석장 때문에 만들어진 길일 거라고 했다. 우리는 나무들 사이의 지그재그 경사로를 올라 작은 언덕 꼭대기에 도착했다. 올라가는 길엔 계곡도 있고 숲도 꽤 울창했지만, 높은 지역은 나무가 거의 없고 작은 덤불들과 바위만 띄엄띄엄 보였다. 그리고 군데군데 양들이 한가로이 풀을 뜯고 있었다. 국립공원에 양을 방목해 키우는 게 어떻게 가능한 걸까? 여기엔 야생마도 살고 있다니 중간중간 보이는 이 똥들이 모두 양의 것은 아니겠구나 싶었다.

사라와 데이브가 빠른 속도로 이동하는 바람에 조금 서둘러 따라갔다. 두 사람을 따라가다 험해 보이는 계곡 길로 내려오게 되었는데 걷다 보니 중간부터는 아예 길이 없어졌다. 아니, 있긴 있는데 결코 공식 등산로 같지는 않아 보이는 길이었다. 물을 건너고 바위를 넘어 진흙탕에 혼자 발도 빠지고 산딸기 덩굴에 찔리기도 하는 고난의 시간을 지나 겨우 산을 내려왔다. 멀쩡한 사람 셋과

우리의 오래된 미래를 만나다, 영국

오래된 나무들이 가득한 숲속과 붉게 물든 듀워스톤 정상 부근.

진이 다 빠진 나.

'등산 후에는 당연히 맥주지'라는 생각으로 집에 가는 길에 근처 펍에 들러 맥주를 마셨다. 지역 지도에는 길뿐만 아니라 펍 위치도 표시되어 있었는데 맥주 컵 모양의 기호가 귀여웠다.

―

쉬는 월요일엔 사라가 뭐 할 거냐고 계속 물어보면서 이런저런 제안을 해준 덕에 바닷가에 아름다운 하이킹 코스가 있는 살콤에 가기로 했다. 사라의 직장이 있는 킹스브릿지까지 차를 얻어 타고 가서 버스를 탔다. 데이브가 빌려준 지도도 챙겨 버스를 타고 꼬불꼬불 나무숲을 지나자 절벽 아래로 바다가 펼쳐졌다. 무척 가파른 언덕에 지그재그 모양의 도로가 있고 알록달록 예쁘게 생긴 집들이 해변을 바라보고 있는 살콤 마을에 도착했다. 지역에서는 꽤 유명한 관광지라지만 여름도 아닌 데다가 시간도 이르고 해서 골목이 한산했다. 이리저리 걸어 다니다가 강 반대쪽으로 넘어가는 배를 타러 선착장에 갔다. 건너편에서 오던 배에 몇 시에 운행하느냐고 물어보니 "네가 원하면 언제라도!"라고 하며 우리를 태워줬다. 이렇게 운이 좋을 수가!

고급스런 주택이 가득한 길을 지나 해변이 나오고 내셔널 트러스트의 지역 안내판과 산길이 나타났다. 낙엽 가득한 산길은 흐린 날씨에도 불구하고 가을 산행의 흥취를 마음껏 느끼게 했다. 사진을 찍다가 벤치에서 쉬다가 하니 어느새 점심 먹을 시간이 되었다. 샌드위치를 먹고 다시 걸었다. 거리가 비교적 짧은 가라록까지 쉬엄쉬

해변이 아름다운 살콤.

엄 갔다가 돌아왔다. 산책로가 끝나갈 무렵부터 해가 반짝 나서 돌아오는 길을 환하게 밝혀주었다. 처음 지나올 때 그저 그랬던 해변이 햇빛을 받아 반짝였다. 신발을 벗고 발을 담가보았다. 깨끗하고 시원한 물이 발끝을 간질인다. 한참 찰박거리며 놀다가 다시 배를 타고 마을로 돌아갔다.

바다에서 놀던 게 마치 꿈속이었던 양 버스는 우리를 순식간에 도시로 데려다주었다. 사라와 만나 집에 돌아와선 마음에 꼭 들었던 아름다운 동네에 대해 나는 흥분하다시피 이야기를 했다. 누군가가 좋다고 추천해준 곳이 내 마음에도 쏙 들었을 때 느껴지는 만족감은 사람을 참 기분 좋게 한다. 저녁에 사라가 집에서 스콘을 만든다고 해서 나를 또 한 번 흥분시켰다. 스콘이라니! 눈을 반짝반짝 빛내며 쳐다보자 사라는 엄청 쉽다며 한번 해보라고 했다. 같이 반죽을 하고 스콘을 구웠다. 사라는 우리가 떠나기 전에 제대로 차를 대접하고 싶다면서 받침 접시가 있는 컵 세트를 꺼내 와 차를 따라 주었다.

사라와 데이브는 우프 호스트로 등록한 지 얼마 되지

않았고 우리가 그들이 호스트로 만난 첫 우퍼라고 했다. 이곳에 머문 지 이틀쯤 되었을 때 데이브의 친구가 메시지를 보냈다. 아직 살아 있느냐고. 친구의 농담에 둘은 웃고 말았다. 주변 친구들은 전혀 모르는 낯선 사람을 집에 들이는 일에 대해 놀라워한다고 했다. 너무 편하게 대해주어 전혀 처음인지 몰랐다는 우리에게 그저 친구처럼 대할 뿐이라고 대답하는 둘. '친구처럼'은 정말 어려운 말이 아닐까. 좋은 사람을 만나도록 도와주는 행운에 언제나 감사할 뿐이다.

초록빛 꿈을 꾸는 마을

떠나는 날이 아쉬워 일부러 일찍 일어나 사라에게 인사했다. 꽤나 피곤하게 달려온 일주일이었다. 매일 일하고 돌아다니고 대화하느라 다음 일정을 하나도 생각해 두지 못해서 신범과 오전에는 둘이 오랜만에 여유롭게 이야기할 시간을 가졌다. 다음 일정으로 토트네스 근교 여행을 할까 하다가 그냥 토트네스를 좀 더 둘러보자고 결정하고는 길을 나섰다.

먼저 투어 인포메이션에 들러 토트네스에 관한 정보를 모았다. 토트네스는 전환마을(Transition Town) 운동이 시작된 곳이다. 여기서 전환이란 현재 환경의 한계를 인식하고 다음 단계로 변화하려는 활동을 의미한다. 피크오

일이나 기후 변화, 글로벌 금융위기 등 기존 체계에 한계를 느낀 사람들이 모여 재생 가능한 에너지 사용과 지역 경제 중심의 체제 변화, 공동체의 회복력 확보 등을 목표로 변화를 추구하기 위해 다양한 활동을 진행하고 있다.

가져온 안내서에는 토트네스 가든 트레일(Garden Trail), 포레스트 가든 트레일(Forest Garden Trail), 에더블 트레일(Edible Trail)이 소개되어 있었다. 먼저 짧아 보이는 토트네스 가든 트레일을 걸어보기로 했다. 시민회관에서 시작하는 가든 트레일은 동네 안에 사람들이 함께 만든 녹색 공간을 연결하는 길로 전에 사라와 함께 둘러본 커뮤니티 가든과 작은 공원들을 연결한 길이었다. 곳곳에는 공간의 역사나 특징에 대해 적혀 있었고, 서로 가까운 곳에 위치해 힘들이지 않고 여유롭게 둘러볼 수 있었다.

다음은 포레스트 가든 트레일을 걷기 위해 마을 외곽의 수목원으로 갔다. 이번엔 지도에 비해 꽤 거리가 있어 조금 힘들었지만 아름다운 숲과 정원들을 제대로 구경하고 나올 수 있었다. 나오는 길에 묘지가 있었는데 묘지 가장자리를 따라 과일나무가 심겨 있었다. 나무에는 '마음대로 드세요'라고 쓰여 있었다. 이곳 나무들은 누구나 과일을 따 먹을 수 있도록 심긴 것이고 자원봉사자들이

토트네스 가든 트레일 안내서.

관리하고 있다며 함께하자는 안내문이 있었다. 왠지 손이 가지는 않았는데 만약 함께 가꾸고 활동한다면 자연스럽게 따 먹을 수 있지 않을까 싶었다.

　에어비앤비로 구한 숙소는 토트네스에서 활동하는 활동가가 운영하는 집으로 독특한 규칙이 있었다. 개인 침구를 가져오거나 비행기를 타지 않고 대중교통을 이용해 오면 할인해주고, 건물 난방이 따로 안 되고 따뜻한 물을 넣어 사용하는 물주머니 난로를 제공했다.
　일정이 모두 끝나 긴장이 풀린 탓인지, 아니면 집이 좀 추워서 그랬는지 저녁이 되자 몸에 한기가 들어 으슬으슬 떨려왔다.
　집 근처 펍에서 간단히 저녁을 먹었다. 이웃 테이블에 있던 한 친구가 다가와 어디서 왔느냐며 앞으로의 여행에 대해 물었다. 토트네스에 며칠 있다가 런던으로 갈 거라니까 자기는 들판에서 나고 자라 런던같이 큰 도시는 무섭다며 순진한 웃음을 지어 보였다. 서울, 런던, 도쿄 같은 도시 생활이 일반적인 삶의 형태로 여겨지는 요즘 그렇지 않은 사람이 있다는 걸, 도시에서의 삶이 전부는 아니라는 걸 다시 한 번 깨닫게 된다.

—

다음 날엔 어디를 돌아볼지 고민하다가 슈마허 컬리지로 방향을 잡고 강가의 트레일을 걸었다. 얼굴이 뜨끈뜨끈하니 열이 조금 난다 싶었지만 예쁜 풍경에 들떠 아픈 줄도 모르고 돌아다녔다. 강변 따라 나 있는 오솔길을 지나 산 쪽으로 들어서니 나이 많은 나무들로 가득한 숲이 반긴다. 길 끝에 있는 리스토어라는 가게는 지역 예술가들과 협업하여 버려진 가구들을 수리하고 새로이 만들어 판매도 하는 곳이었다. 가구를 직접 수리해보는 행사나 각종 공예 워크숍도 진행되었다. 나도 한국에서 이곳과 비슷한 사회적기업에서 일했다고 하니 가게 주인이 반가워하며 공방 구석구석을 일일이 보여주었다.

근처에 크랭크스라고 유명한 채식 레스토랑이 있어 그곳에서 간단히 요기를 하고 나와 동네 구경을 마친 후 드디어 슈마허 컬리지로 향했다. 도로 안쪽 커다란 나무들이 나란히 서 있는 오래된 건물. 경제학자 슈마허의 정신을 이어받아 설립한 대안 대학 슈마허 컬리지다. 이 학교는 주로 생태주의, 퍼머컬처 등을 공부하며 현실을 고민

우리의 오래된 미래를 만나다, 영국

버려진 가구를 수리하는 가게 리스토어.

한다. 슈마허의《작은 것이 아름답다》*라는 책을 가져와 여행 내내 읽었기에 무척이나 와보고 싶었던 곳이었다. 일주일 정도 되는 단기 코스도 있어 수업을 들어보고 싶었으나 일정과 비용 문제로 포기할 수밖에 없었다. 슈마허 컬리지를 발견한 감동을 이어가기엔 체력이 바닥 난 상태였다. 건물을 살짝 둘러만 보고 복통과 두통, 오한으로 아픈 몸을 이끌고 숙소로 돌아왔다.

토트네스 마지막 날 버스를 타고 런던으로 향하며 인생 최악의 멀미를 만났다. 무엇이 끝났고 무엇을 시작해야 할지 생각해볼 겨를도 없이 버스에서 끙끙거리며 일곱 시간을 보낸 후 런던에 도착했다. 이곳에 있는 작은아버지 댁에서 일주일 정도 꼬박 앓고 났더니 몸은 좀 나아졌다. 그래봤자 누워만 있다가 하루에 몇 시간 정도 걸어 다닐 수 있을 정도랄까. 그래도 신범과 나는 마지막 한 달 남은 시간을 위해 다시 여행을 시작했다.

* 《작은 것이 아름답다》, E. F. 슈마허 저, 이상호 역, 문예출판사, 2002.

우리의 오래된 미래를 만나다, 영국

슈마허 컬리지 건물 입구에 쓰여 있는 문구.

4장
돌아옴 그리고 일상

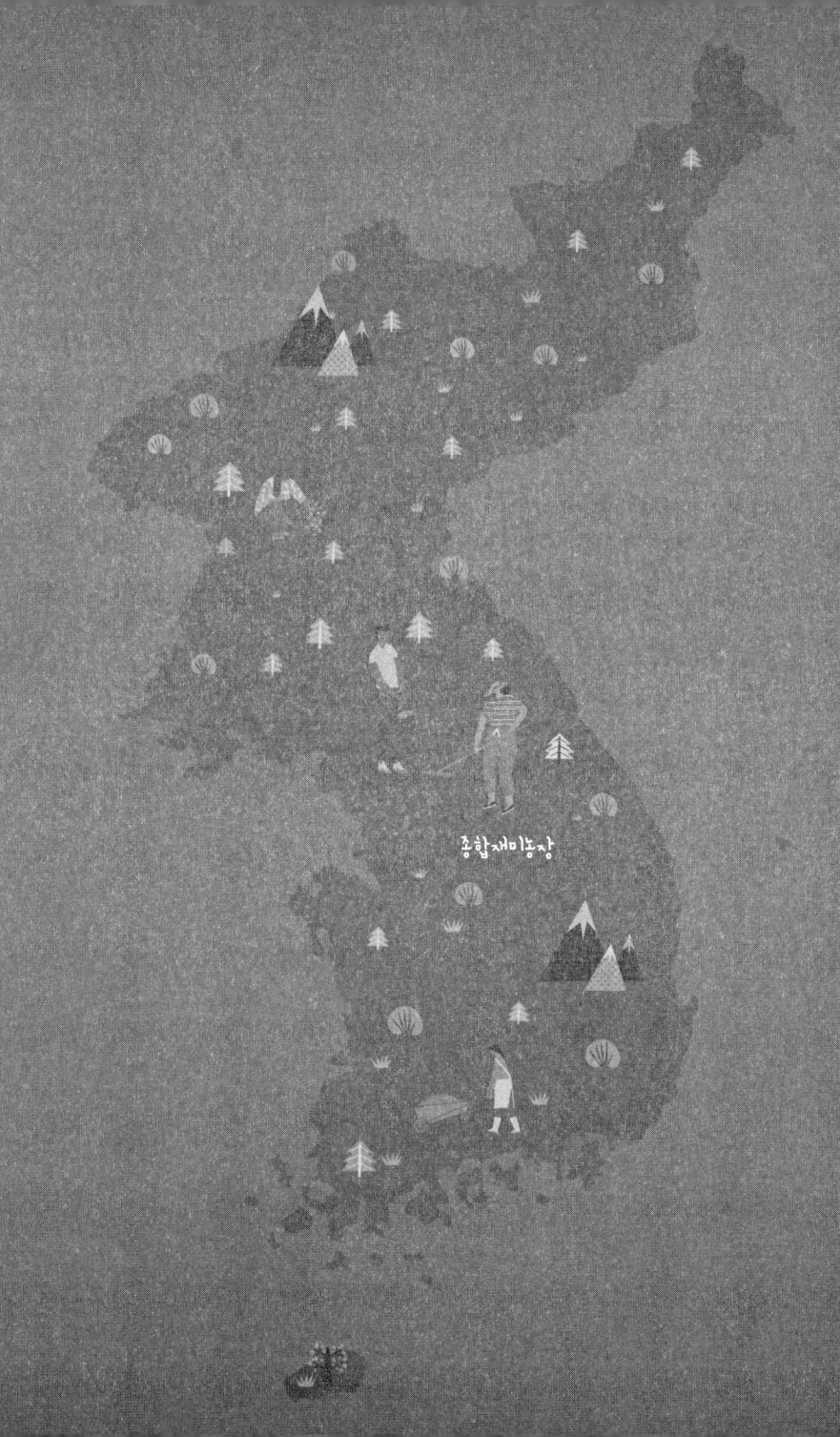

마지막까지 우리답게

"유럽에 왔다면 파리는 한번 가봐야 하지 않겠어? 스페인이 그렇게 좋다던데! 로마는 죽기 전엔 꼭 가봐야 할 곳이지."

귀가 얇은 우리는 유럽에 간 김에 남들 다 하는 여행을 한번 해보기로 했다. 파리에 가서 에펠탑에도 올라가보고, 샹젤리제 거리와 개선문도 보고, 바르셀로나에서 관광도 하고, 마지막으로 로마에 들렀다 한국으로 돌아오는 일정은 처음엔 완벽해 보였다. 하지만 막상 그곳에 가서 부딪혀보니 우리가 그런 관광을 별로 안 좋아한다는 사실을 깨닫게 되었다. 그래서 이번에도 우리식 여행을 즐기기로 했다.

파리에서 만난 재미있는 공간을 몇 군데 소개하고 싶다.

라 흐시클레리 La Recyclerie

파리 관광 사이트를 보다가 알게 된 라 흐시클레리는 기차역을 개조해 만든 곳이다. 지하철 4호선 종점에서 나와 뒤를 돌면 바로 보이는 곳에 위치해 있다. 입구는 허술해 보이지만 들어가면 꽤 공간이 넓다. 아기자기하고 예쁜 이곳은 카페이기도 하고 펍이기도 하면서 공방이기도 하고, 도시 텃밭도 운영하는 곳이다. 음반 벼룩시장이나 실크스크린 워크숍 등이 수시로 진행되며 홈페이지를 통해 일정을 확인할 수 있다. 판매하는 음료도 맛있고 분위기도 좋다.

레 자르댕 뒤 루소 Les Jardins du Ruisseau

라 흐시클레리 앞 기찻길 반대편에는 도시 텃밭이 있다. 기차역 플랫폼에 상자텃밭을 배치해 지역 주민들이 함께 사용할 수 있는 공간으로 만들어놓았다. 회원들이 열쇠를 가지고 관리하지만 누군가 텃밭 작업을 할 때는 열어둬 모든 사람들에게 개방한다. 우연히 발견하여 가게 된 곳이지만 무척이나 마음에 들어 두 번 방문했다.

바스티유 시장 Marche de Bastille
라스파일 시장 Marche Biologique Raspail

일요일 아침 시장을 찾기 위해 버스를 탔다. 처음 만난 곳은 광장에 펼쳐진 바스티유 시장이다. 농산물이나 간단한 음식을 파는 부스가 광장 기념탑부터 쭉 늘어서 있었다. 사과·배 주스를 한 병 사서 마시고 라스파일 시장으로 향했다. 라스파일 시장은 파리에 처음 생긴 유기농 장터라고 한다. 처음엔 바스티유 광장 시장에 비해 규모가 작아서 실망했는데 가판을 따라 걷다 보니 폭이 좁아 그렇지 꽤 길게 시장이 늘어서 있었다. 야채며 과일, 생선에 프랑스 지역 유기농 와인, 빵과 크레페, 여러 디저트까지 다양한 가판대가 있어 즐겁게 구경할 수 있었다. 과일 가게에는 맛보기용 과일도 놓여 있어 먹어보고 구매할 수도 있었다. 우리는 귤을 한 조각 먹어보고는 바로 구매했다.

밤 기차를 타고 파리에서 바르셀로나로 넘어갔다. 바

르셀로나는 상업과 경제가 잘 발달된 부유한 도시답게 사방이 깨끗하게 잘 가꾸어져 있었다. 여행 중 대부분은 날씨가 시원하거나 추웠는데 처음으로 바르셀로나에서 강한 햇살과 더위를 만나 반팔 티셔츠를 꺼내 입고 바닷가에서 행복한 휴식을 취할 수 있었다. 오래된 바르셀로나의 골목들을 누비고, 시장에도 갔다가 바르셀로나 크래프트 맥주 지도를 사서 맛있는 맥줏집을 찾아다니기도 했다. 시간이 비면 바닷가에 가서 볕을 쬐고 발도 담그는 지극히 여유로운 하루하루. 여행을 마무리하고 일상으로 돌아가기 위한 마지막 휴식 시간이었다.

당시 파리에서 바르셀로나로 오자마자 파리 테러가 터졌다. 바르셀로나는 전혀 영향을 받지 않은 분위기였지만 우리가 다음으로 이동하려고 했던 로마가 다음 표적이라는 기사가 나오는 바람에 걱정이 되기 시작했다. 가족들도 걱정하길래 사흘 정도라도 일찍 귀국하기로 했다. 비행기 표며 일정이며 다 변경해놓고 도착한 로마는 걱정이 무색하게도 관광객들로 가득 차 있었다. 어디를 둘러봐도 유적이 가득했던 도시 로마. 만나서 반가웠어.

여행이 끝나고
우리에게 남은 것들

로마에서 비행기를 타고 뮌헨에 내려 한국행 비행기로 갈아탔다. 주변에 한국인들이 많아지기 시작했다. 열 시간이 넘는 비행시간 동안 나는 잠깐 잠이 들었지만, 신범은 전혀 눈을 붙이지 못했다. 영화를 세 편이나 보고 뒤척거리다 내리니 하루가 지나 있었다.

비행기에서 내려 목적지에 상암동이 쓰여 있는 공항버스를 보자 왠지 신기했다. 마치 어딘가 다음 여행지로 이동해 가는 것 같은데 우리 집으로 가는 길이라니.

공항버스에서 내려 캐리어를 끌고 집으로 돌아가는 길. 봄에 떠났던 동네는 변한 것도 없이 계절만 겨울로 바뀌어 있었다. 여행 간 동안 우리 집에 살던 친구는 이미 집을 비워주었는데, 집에 급한 일이 생겨 얼굴도 마주

하지 못했다. 빈집에 들어와 짐을 푸니 여행 가기 전 그대로다.

마치 어제도 이곳에 있었던 것처럼 낯익은 세간 사이로 풀썩 누워 잠을 청했다. 한잠 푹 자고 일어났는데도 해가 지지 않았다. 혼자 일어나 꼼지락거리다 문화로놀이짱 친구들을 만나러 갔다. 여행에서 돌아왔다고 이야기하고 간단하게 근황을 전한 후 집에 돌아와 밥을 했다. 한국에서의 일상이 다시 시작되었다.

여행 하는 동안 간간히 SNS로 전했던 우리의 여행 이야기를 자세히 듣고 싶어 하는 친구들을 위해 그리고 이야기하고 싶어 입이 근질근질한 우리를 위해 여행 이야기를 나눌 모임을 준비했다. 모임 이름을 '종합재미상사 해외 출장 보고회'로 짓고 사람들에게 무엇을 이야기할까 엄청 고민했다. 먼저 우리가 만났던 시민들을 위한 공간과 아름다운 풍경들 그리고 스반홀름 공동체와 영국의 우프 농장에서 보낸 여행이자 삶이었던 시간들을 이야기하기로 했다. 덧붙여 이야기 말미엔 우리 둘에게 매우 중요했던 공정 여행과 탄소 발자국 이야기를 하기로 했다. 아마도 사람들은 지독한 '환경 덕후'라고 하겠지.

여행이라는 건 뭘까? 사람들은 자기가 살고 있는 곳을 떠나 다른 장소로 가서 그곳을 여행지라 부르며 그곳에만 있는 것들을 즐기고 집에 돌아온다. 집에 돌아오고 나면 여행지는 유명 관광 명소로, 꼭 먹어봐야 할 맛있는 먹거리로, 아름다운 풍경으로 사진과 추억 속에 존재한다. 우리는 그 겉모습에 머무르고 싶지 않았다. 그곳에 살고 있는 사람들과 대화하고, 그들의 삶 속에서 같이 살아보고 싶었고, 우리가 쓰는 여행 경비들이 글로벌 기업의 이윤으로 돌아가기보다는 지역 사람들의 수입이 되기를 원했다. 그래서 우리는 최대한 거대 프랜차이즈 게스트 하우스, 호스텔을 피하고 공유 숙박으로 지역 사람들의 집에서 묵었다. 식당을 이용할 때도 글로벌 프랜차이즈는 피하려 노력했는데, 여행 기간 동안 맥도날드는 한 번, 서브웨이는 두어 번 이용했을 뿐이었다. 낯선 타지에서 낯익은 프랜차이즈 간판이 주는 안정감이 어마어마하다는 것을 느꼈다. 그와 동시에 어디를 가나 같은 간판이 보이는 건 그다지 매력적이지 않다는 것도 알게 되었다.

이번 여행이 기후 변화에 얼마나 영향을 줬는지 알아

보고 이를 상쇄하기 위한 노력을 하고 싶었다. 한국에 그대로 쭉 살았다면 발생하지 않았을 한국-유럽 간 비행으로 발생한 탄소 발자국뿐 아니라 유럽 안에서 이동하며 발생한 탄소 발자국까지 계산해보기로 했다. 우리는 229일 동안 7개국을 여행하며 약 23개의 도시를 방문했고, 그 거리만 따져도 대략 29,854km에 달했다. 환경 대국 독일답게 독일 항공인 루프트한자는 비행으로 발생한 이산화탄소를 계산해 알려주었다. 우리는 루프트한자에서 탄소 발생량을 측정할 때 사용했던 My Climate라는 사이트를 이용해 각각의 교통수단과 거리에 따른 탄소 발생량을 찾아보았다. 정확한 수치는 아니겠지만 여행으로 발생한 탄소를 계산해보니 약 6.2톤이 나왔다. 먹거나 씻고, 난방을 하거나 따뜻한 물을 사용하기만 해도 탄소가 발생하지만 이런 일상생활은 한국에 있었어도 똑같이 발생했을 거라 장거리 교통수단으로 발생한 탄소량만 따로 계산했다. 내가 지도에서 도시 간 거리를 재고 계산해 엑셀에 표를 만들 때 신범은 산림청에서 발간한 보고서를 뒤지며 '도대체 몇 그루의 나무를 심어야 우리 때문에 발생한 탄소를 해결할 수 있을까' 하는 고민에 빠져 있었다.

나무는 종류별로 탄소 흡수량이 다르고 생애주기에 따라서도 흡수량이 다르다. 인간도 어릴 때랑 청년기에 먹는 양이 다르니까 나무도 그렇겠구나 싶으면서도 신기했다. 이번 여행으로 발생한 탄소를 상쇄하기 위해 심어야 할 나무는 소나무로 가정했을 때 44.4그루다. 즉 45그루의 나무를 심어 60년간 잘 가꾸어야 한다. 이 나무를 다 심는다고 우리가 배출한 이산화탄소가 전부 해결되는 건 아니지만 여행 뒤에 우리에게 남은 것이 무엇인지 고민하고 해결하기 위해 노력한다는 데 의미가 있다고 생각한다. 여행 중 '우리의 숲'을 갖고 싶다고 했던 말이

여행에서 돌아온 이후 일곱 개 지역에 총 87그루의 나무를 심었다.

싹을 틔우는 순간이기도 했다.*

첫 출장 보고회는 문화로놀이짱 친구들이 자리 잡고 있는 자발적 문화 생산 공간인 상암동 비빌기지에서 진행했다. 비빌기지라는 공간에 어울리도록 우리가 만났던 유럽의 시민 공간들에 대해 이야기했다.

두 번째 출장 보고회도 최대한 비용이 들지 않는 방식으로 진행해보려 노력했다. 은평구에 있는 미닫이공작단** 친구들이 사무실을 빌려주어 부담 없이 진행하였다. 이번에는 주로 영국에서 만난 우프 호스트들과 농사짓던 경험에 대해 이야기하는 자리였는데 신기하게도 우프를 해본 사람들이 찾아와서 좀 더 다양한 이야기를 나눌 수 있었다.

6월에는 아르바이트를 하던 동네 책방의 전시 공간을 빌려서 '유기농 여행'이라는 제목으로 여행 사진 전시회를 열었다. 지역별로 인상 깊었던 곳, 꼭 보여주고 싶었

---

* 나무 심기를 진행하면서 참여하게 된 단체들을 소개하고 싶다.
생명의숲국민운동 forest.or.kr / 노을공원시민모임 nogosimo.modoo.at
** 언제나 열고 닫힘이 자유로운 유유자적 문화예술단(페이스북 midazimoon 에서 발췌).

던 풍경들을 정리해 인화를 했다. 사진에 관한 설명도 쓰고, 적절히 배치해 전시를 시작했다. 책방 밖에 걸린 현수막에 우리 얼굴이 얼마나 크게 나왔는지 전시를 보러 오신 분들이 내 얼굴을 보며 어디서 많이 본 사람인데 하고 고개를 갸웃거리는 일도 있었다. 사진전은 3주 동안 진행했고, 중간에 두 번 정도 이야기하는 모임을 가졌다. 여행 이야기가 궁금한 분들은 놀러 오시라고 알린 뒤 전시된 사진을 보며 함께 이야기를 나누었다. 동네 사람들에게 참 재미있게도 산다는 평을 들으며 사진전을 마무리했다.

시골살이 일 년,
이제 시작이다

여행으로 무엇이 바뀌었느냐고 묻는다면 대답하기가 어렵다. 삶은 그전과 크게 다르지 않은 것 같다. 어쩌면 여행 그 자체가 제일 큰 변화였는지도 모른다는 생각이 든다. 꼬박꼬박 월급이 나오는 직장 생활을 하지 않으면 큰일이 나는 줄만 알았던 내가, 경제적으로 독립한 후엔 남에게 의지하는 게 불편하고 싫었던 내가 일을 그만두고 7개월 동안의 여행을 어떻게든 해냈다는 것 자체가 가장 큰 변화가 아닐까. 상상할 수조차 없었던 일들이 인생에서 아무렇지 않게 일어날 수 있다는 경험 말이다.

사람의 호의를 믿고, 서로 의지하고 살아가는 게 삶이란 것도 알게 되었다. 너무나도 다양한 삶의 방식이 존재한다는 것도 직접 보았고, 하지만 그런 삶은 어디에서든

시도하기 쉽지 않다는 것도 알게 되었다. 우리가 살고 싶어 하는 삶을 사는 사람들을 만나고 우리의 얼굴을 덧입혀 미래를 그려보며 가능성을 점칠 수 있는 시간이었다.

한국 특유의 시골에 대한 고정관념에 묻히기 싫어 다른 문화권에서 농부의 삶을 경험하고 싶었다. 더 많은 선택지와 재료를 갖고 싶었다. 그렇게 떠난 여행을 통해 하루 여섯 시간의 노동과 저녁이 있는 삶의 달콤함을 맛봤다. 더불어 도시에서 친환경적으로 살아가는 방법이 있다는 것도 알게 되었지만 서울 집약적인 삶에서 벗어나 보기로 했다. 수요가 있어야 공급이 있다는 말은 결국 시골에 문화나 공공시설을 이용할 수요가 없기 때문에 공급이 없어진다는 말이 아닌가. 한쪽은 없다고 떠나고 다른 한쪽엔 있다고 모여들지만, 모여든 많은 청년들의 삶 또한 드라마처럼 미화되기엔 너무 팍팍하고 비좁다.

나는 더 이상 싸고 양 많은 음식을 고르고 싶지 않았다. 먹고 나서 속이 더부룩하지 않은, 뭐가 들어갔는지 분명히 알 수 있는 안전하고 건강한 음식을 먹고 싶었다. 돈을 쓰기 위해 일하고 싶지도 않았다. 지출을 줄여 돈 벌 일을 줄이고 싶었다. 노동의 가치를 인정받고 싶었다.

아니, 노동의 결과물을 직접 누리고 싶었다.

2017년 3월. 우리는 다시 한 번 떠났다.
 만 5년 3개월을 산 원룸을 뒤로하고, 잘 보지 않는 책들과 옷들을 정리하고, 아끼고 좋아하는 많은 것들을 뒤로한 채. 1톤 트럭에 짐을 우겨 싣고, 그 무게를 고스란히 느끼며 겁도 없이 시골로 이사를 했다.
 현실 감각을 잃지 않기 위해서도 노력한다. 돈을 벌어야 하지만 원치 않는 일을 하고 싶지는 않았다. 출퇴근을 위해 많은 시간을 길에서 소비하기는 싫었다. 그렇게 나는 지역에서 식물과 관련된 일을 하는 직장을 잡았고, 단기 계약이지만 다시 주 5일 직장인이 되었다.
 여행 중에 꿈꿨던 것처럼 자급자족 농사 생활을 하기 위해 계절별로 무엇을 주로 먹는지, 식생활을 고려했을 때 어떤 작물이 필요한지, 어떤 작물을 기르고 싶은지 같이 이야기해보았다. 신범은 작물마다 심는 시기를 고려해 집 옆에 있는 300평 밭의 작물 지도를 그렸다. 초봄에 심는 감자와 완두콩을 제일 먼저, 그다음엔 모종을 내는 고추와 가지를 챙겨야 한다. 호박과 오이, 수세미도 모종을 내자고 이야기했다. 장마가 끝나면 시작하는 가을 김장 농사도 계획에 넣었다.

 식목일 즈음에는 새끼손가락 굵기의 보리수 두 그루를 사다가 밭 귀퉁이에 심었다. 그렇게 시작된 봄은 정신없이 지나가고, 어느새 풀이 빠르게 자라는 여름이 왔다. 뜨거운 햇살 아래 풀을 베고 또 베어도 끝이 없다. 하루 여섯 시간만 일하는 저녁이 있는 삶을 꿈꿨건만 나는 오전 아홉 시부터 오후 여섯 시까지 일하고 집에 와서는 해가 질 때까지 풀을 베고 있었다. 현실과 꿈 사이에서 균형을 잡기가 쉽진 않지만 불행하지 않았다.

 작물이 쑥쑥 자라는 계절인 여름 그리고 가을. 매일 애호박, 오이, 가지 등을 수확해 먹고, 남은 것들은 처트니와 잼을 만들거나 장아찌와 피클로 병조림을 했다. 그러고도 남아도는 오이와 가지를 들고 서울에서 열리는 농부 시장 마르쉐@에 출점하게 되었다. '종합재미농장'이라는 이름으로 장터에 나섰다. 오이와 가지를 담아줄 봉투를 신문지로 하나하나 정성껏 접어 준비하고 작물을 두 박스 가득 챙겨 서울에 올라갔다. 오이 하나에 천 원, 가지 하나에 천 원. 친구들의 도움으로 완판을 했지만 주차료와 주유비를 빼고 나니 뭐가 남는지는 모르겠다. 그렇게 시작한 마르쉐는 9월부터 매달 한두 번씩 사교의 장 역할을 확실히 하고 있다. 직접 농사지은 작물들에 대해 설명하고, 그것을 또 진지하게 들어주는 사람들을 만나는 시간. 우리를 믿고 맛있게 먹어줄 소비자들과 우리와 비슷한 생각을 지닌 농부님들을 만나는 행복하고도 소중한 시간이다.

한 해 동안 300여 평의 밭과 더불어 홍성에 자연 재배를 하는 농부님을 도와 논농사를 지었다. 4월부터 10월까지 한 달에 한 번 정도 갔을까. 벼의 아름다운 한해살이를 지켜볼 수 있는 즐거운 시간이었다. 비슷한 시기에 귀농한 친구들의 논에 가서 손모내기를 도와주고 남은 모를 얻어와 우리의 논을 꿈꿔보며 밭 한 귀퉁이에 심어보기도 했다.

토종 씨앗을 심고 거두는 농사도 짓기 시작했다. 씨를 어떻게 말리고 보관해야 할지 감이 잡히지 않아 좌충우돌하는데 다음 농사 때 씨앗으로 쓰려고 집 한구석에 매달아놓은 옥수수를 보고 다들 예쁘다고 하니 그것만으로도 기쁘다.

농부 시장에 가지고 나간 직접 키운 소박한 작물들.

지난해 다짐했었던 '새 물건 늘리지 않기'는 주변에서 선물해준 물건과 이사하면서 새로운 물건이 많이 필요했기 때문에 결국 실패했다. '일회용품 안 쓰기'는 새로 들어간 직장에서 얼떨결에 종이컵을 몇 개 쓰고 난 후 신경 써서 주의한 덕에 중간 점수 정도로 평가했다. '글로벌 프랜차이즈 기업 이용하지 않기'는 한 번밖에 어기지 않았으므로 이 부분은 좋은 점수를 주려 한다.

신범의 작년 환경 다짐 중 '음식물 쓰레기 잘 버리기'는 음식물 쓰레기로 퇴비를 만들면서 100% 달성했다. '에코 드라이빙 실천하기'는 이사하면서 구입한 차 때문에 생긴 목표인데 급제동, 급발진 같은 부분은 지켜졌지만 대중교통이 발달하지 않은 지역 특성 때문에 차를 많이 사용할 수밖에 없었다. 2018년 목표를 '자동차 주행 거리 줄이기'로 선택하였다.

올해도 친구들과 환경 다짐을 했다. 올해는 물건을 줄이고 비닐, 플라스틱 쓰레기를 줄이기로 했다.

여행 중 발생한 이산화탄소를 상쇄하기 위한 나무 심기는 2017년 연말에 목표를 달성하여 마무리했다. 앞으로 그 나무들이 잘 크는지 관심을 기울이기로 했다. 이후 한 해의 자동차 운행 기록을 정리해본 우리는 자동차로 인한 탄소 발생을 상쇄하기 위해 다시 나무 심기를 결심했다.

시골에 내려오고 1년이 지났다. 그동안 많은 친구들이 다녀갔다. 우리가 어떻게 사는지 보고 싶어 한 친구들, 시골살이가 어떤 건지 궁금했던 친구들, 일손을 도와주러 온 친구들, 맛난 음식을 나눠 먹으러 온 친구들. 모두가 소중하고 감사한 인연들이다. 이사 1주년을 기념해 놀러왔던 친구들과 함께 찍은 사진들, 우리의 일 년을 보여주는 사진들을 모아 조촐하게 사진전을 열 생각이다. 이렇게 사람들이 오고가면서 또 다른 인연이 만들어지기를 바란다.

연말로 업무 계약이 끝나 신범과 나는 또다시 둘 다 직업 없이 겨울을 보내는 중이다. 삶을 꾸리는 데 필요한 돈을 벌기 위해 우리가 가진 것들에 자꾸 가격을 매겨보게 되기도 한다. 농가 민박으로 방을 빌려주면, 이걸 만들어 내다 팔면, 무슨 작물을 얼마나 팔면 돈을 얼마 벌 수 있을까? 여행하며 고민했던 자본주의에 대한 생각이 다시 떠오른다. 결국 사람들은 상품에 돈을 지불하는 것으로 의사표시를 하고, 구매하는 사람이 있으므로 존재할 가치가 있다고 생각한다. 하지만 누군가 나의 능력을,

상품을, 서비스를 구매하지 않더라도 나는 충분히 존재할 만한 사람이 아니던가.

아직 봄은 오지 않았고 농사가 시작되기 전의 밭은 황량하기만 하다. 지금의 우리는 이곳에 온전히 두 발을 붙이고 산다고 말하기 어렵다. 2년의 전세 계약이 끝나기 전에 저 보리수나무의 열매를 맛볼 수 있을까?

봄에 심을 씨앗을 준비한다.
아무렇지 않은 하루가 흘러간다.